道徳教育の原理と方法

渡部 治

八千代出版

まえがき

本書は学校における道徳教育の諸問題を論じるものであるが、単に道徳教育の問題ばかりでなく、教育という営みの持つ文化的・人間的意味、そして、何より教師とはどのような人格形成を心掛けるべきかという意識を常に根底において書いたものである。著者が執筆にあたって心掛けた要点はいくつかあり、それを以下に述べて「まえがき」に替えたい。

第一に日本の太平洋戦争後の歴史的経過の詳細な理解に努めたことである。言うまでもなく、戦後の日本の教育の変遷は政治的・経済的な変遷と一体である。昭和三三年の「道徳」の新設もこれら社会の経過のなかで発想されたものであり、この歴史的経過の理解なくして戦後教育の理解もまたない。従って、本書においては、ある意味で類書には稀なほど、この歴史的背景についての記述に頁を割いている。読者はぜひ日本現代史の理解のなかで教育の問題、道徳教育の問題についての考察を深めてもらいたいのである。

第二に教師という人格をめぐる人間論の考察を重視したことである。教育という営みもまたひとつの仕事であるが、この仕事は深い人間的コミュニケーションの上にはじめて可能となるものであるだけに、教師とはそもそもどのような資性を要求されるのかという人間論の考察にまた一定の頁を割かねばならなかった。この関連で、特に、日本近現代の「偉人」といってよい人物の生涯、思想のなかに、それが教育者として生きるためにどのような示唆を得られるかということについて述べたのであるが、むろん、あげるべき人物はこれだけですむはずもない。人物教育が見直されつつある現在、教職を目指すものは人あっての歴史であり社会であることを認識して、ぜひこの人間論の考察にまた多くの関心を払ってもらいたいのである。

第三に教育、道徳教育の背景をなす哲学思想の考察にも関心を払ったことである。言うまでもなく、教育思想は世界や人間に関わる哲学、倫理学の思想と深いつながりを持つ。教育に関わるものはそれゆえ哲学、倫理学に関する素養がぜひとも必要である。本書はこの立場から、近世ドイツの哲学者イマヌエル・カントの道徳哲学、アメリカのプラグマティズム、特に、ジョン・デューイやウィリアム・ジェイムズの思想の理解に努めた。さらに日本をはじめアジアの思想に大きな影響を及ぼした仏教の思想にも関心を払った。それらが教育に及ぼす意味についても読者にはぜひ考察を深めてもらいたいのである。大切なのは道徳教育の原理であり授業の方法論であろう。それらの考察は以上述べた要点のなかで具体的に触れられてゆく。本書が単に教職を目指すものだけでなく、人間、歴史、文化を考えるものにとって有効な示唆を与えるものになりうるならば著者にとってたいへんありがたいことである。

なお、各章末に各章の要点と課題、さらに参考文献等をあげているが、これはかたちだけのものでなく、本文を読んだものがもう一度しっかりと要点をつかんでもらうことが念頭にあるので、書き方はかなり自由である。参考文献についても、ただ書名等をあげるのでなく、できる限り具体的に説明することを心掛けた。

最後に、本書は平成二四年度淑徳大学出版助成によって刊行することのできたものであることを付記する。関係各位へ心よりのお礼を申し上げたい。

平成二四年六月一日

渡部　治

目次

第一章　学校教育における道徳教育の位置づけ

一　学習指導要領における道徳教育の位置

現在の学校教育のなかで道徳教育がどのように位置づけられているか。そのことを考えるのが本章の主題である。そのためには現行の学習指導要領（平成二〇年三月告示）[1]を見るのが最も便宜である。その第一章総則の第一は「教育課程編成の一般方針」と題せられているものであるが、全部で三節に分かれており、その二番目に道徳教育の問題が解説されている。その量は総則全体のほぼ半分にあたる量であって、私たちはここにまず、学校における道徳教育が学校教育全体のなかに置かれている位置の重さを端的に認識する必要があるであろう。

さて、そこでこの解説の部分を読んでゆきたいのであるが、それは全部で三段に分かたれている。

第一の段落においては、学校における道徳教育は学校の教育活動全体を通じて行われるべきであるとの指示であり、しかも、道徳教育はそれら学校教育活動の「要」（かなめ）であるというのである。この

「要」という用語は新しく加えられた表現であるが、重要な意味合いを持たせられている。すなわち、別の道徳指導要領解説を参照すれば、「要」というのは、他の教育活動を「補充」「深化」「統合」する役割を意味しているのであり、言い換えれば、扇の要がそうであるように、道徳教育は学校におけるあらゆる教育活動の中心、あるいは根幹にあるべきものという理解がそこに提起されているのである。

次に第二の段落においては、道徳教育が教育基本法[2]及び学校教育法に定められた教育の根本方針に基づくべきことが強調されている。

「教育の根本方針」とは何か。それはこれら法規のさらに背景に日本国憲法[3]があることを考えれば理解は容易であろう。すなわち、日本国憲法の指示する主権在民、平和主義、基本的人権の尊重という、人間の尊厳を何より根幹に置く態度にほかならない。それは自国への愛情はもとよりのこと、偏狭なナショナリズムを排して人類的な立場にまで飛躍してゆくものでなければならない。その意味で、ここで強調されている道徳教育の方針は何も道徳教育だけのことに限らず、すべての教育活動に通じるものなのであるけれども、ここにおいては、道徳教育が、それらの目標を達するため、「その基盤としての道徳性を養う」こととされており、道徳教育の固有の性格が押し出されているのである。まさに道徳性の達成なくして日本国憲法の精神の達成もないわけである。

次に第三の段落においては、道徳教育が単なる知識や思いの段階を超えて、児童・生徒を実践、行動に促すべきこと、言い換えるなら、社会的経験のなかで道徳性が涵養されるべきことが強調されている。

言うまでもないが、道徳は実践と一体である。実践なき道徳はただの飾り物である。その意味でこの提言は正しい。「家庭や地域社会との連携を図りながら」というところで、児童・生徒の眼差しを学校の外へと向け、そして、「職場体験活動（小学校学習指導要領では「集団宿泊活動」）」「自然体験活動」「ボランティア」などの活動への参加を促している。そういう実践のなかで、児童・生徒の道徳性が涵養されるべきことを強調している。

以上が指導要領総則において説かれる道徳教育の特質である。とはいえ、偏差値志向の強い現在の学校の現実のなかで、道徳教育が置かれている取り扱いの「軽さ」は否定できない現実であるかも知れない。しかし、実は、道徳教育は学校教育のなかで最も重要な核心をなすものであることを私たちは認識しておきたいのである。

二　人間はいかに成長するのか

以上は学習指導要領に沿って、学校における道徳教育の位置づけを確かめてきたのであるが、私たちはここで、「学校教育」の問題をとりあえず横に置いて、人間が成長してゆくということの意味について、教育の根本的な意味を念頭に置きながら考えることにしたい。

様々なテレビ等の番組で私たちは動物の生態を観察することができるのだが、これは人間の問題を考える上においてもきわめて参考になるものである。そのなかでまことに感心するのは、彼らが種の存続と維持について、実に優れた知恵と、何より意志を持っているということである。これは驚嘆に値するほどで、体の作りそのものが、限られた環境のなかでいかに敵から身を守り、いのちの糧を得るかという一点にしぼられているかということがよくわかる。そのためにも子どもの自立は絶対的に要求されるものであって、この自立させる仕組みがまた実に徹底的に仕組まれているということもよく理解できるのである。個々の例はあげないが、動物がこの世に生を受けて自立してゆくシステムがその本能によってよく仕組まれているということは納得できると思う。

ところで、大切なことは、彼らの「人生」そのものが、実はそのことに尽きているということである。敵から身を守ること、いのちの糧（つまり獲物）を得るということ、彼らの「人生」はほぼそのことに全エネルギーが注がれるのである。

「百獣の王」と言われるライオンですら、獲物にありつくことは容易でなかったのである。あるテレビ番組での放映は印象的であった。傷ついて獲物もとれないライオンが、それでも獲物をとろうとして、獲物の周囲を回るのだが、もう彼には獲物をとる力が残されていない。獲物の動物はそのことを見越して、そばで悠然と草を食んでいるのだ。やがて、傷ついたライオンは座り込み、獲物を前にしながら飢死していく運命をたどるのであるが、そのライオンの遠くを見る眼差しが実に印象的であった。ある種の深い感銘を受けた。仮に、ライオンが元気であって、獲物をとれたとしても、次の獲物にいつありつけるかは未知数なのである。それは二週間後か、一ヵ月後か、ライオンはまたひたすら獲物を求めて放浪しなければならない。

つまり動物の「人生」はそのようなものなのである。そのためにも獲物をとる能力は早期に要求されるし、またそのように仕組まれているのが動物の生態なのである。

ところで、人間の赤子は、この地球上に生まれてくるあらゆる生物のなかで、ある意味では最も弱い生き物である。親の保護から放り出されれば、二日、三日と生きられないのが人間の赤子である。

生物学者のポルトマン（Adolf Portmann　一八九七―一九八二）はこのような人間の特性をさして、人間は本来が「早産性」を持っているのだと言った。つまり、人間は未熟な存在としてこの世に生まれてくるのであるが、その後の世話を親は「託せられる」のである。「神」はなぜこのような試練を私たちに与えたのだろうかという疑問が浮かばないでもない。それは、このように子どもを育ててゆくなかで、はじめて親は子どもに対する「愛情」を学んでゆくし、子どももまた親の愛情を「感知」してゆくのである。言葉の基礎もこの過程で学ばれる。つまり、人間の愛情というのは、学ばずして獲得できない面があり、また学ぶことにより親も子もその人間としての関係性を獲得してゆくのである。すなわち、子育ては親子の相互的な「学び合い」なのであって、この学び合いこそ、教育の原点なのである。

別の見方からすれば、それは「人間」が「人間」になってゆくための最も根源的な営みである。人間は人間のなかでしか人間になれないというのは、かつて世界的な注目を浴びた「野生児」(feral child)

の諸例から私たちが知ることのできるものである。「アヴェロンの野生児」（南フランスで発見され、医師イタールによって育てられた）とか「アマラとカマラの姉妹（推定）」（インドの孤児院で育てられた）が有名な例であるが、彼らはついに人間らしい所作と言葉を習得することができず、短命に終わった。[4] 人間として生まれたにもかかわらず、人間らしい感情と所作を彼らが体得することができなかったということは、この世に生まれて、人間社会ではもとよりのこと、親の愛情によって育てられることが人間にとっていかに大切なものであるかということを、彼らの諸例が物語っているということである。つまりその過程で人間は人間らしい根源的な情緒を身につけるのである。これはその後の人間の成長の最も大切な土台を形成する。この情緒の獲得に失敗すれば、その後の人間の成長は相当な困難を伴うということでもある。そしてこの責務は最も身近な保護者の手にゆだねられている。つまりこの根本的な情緒の獲得こそ学校教育の基礎をなすものであって、言うまでもなく、教育の出発点はそこから始まるのである。

そういうことが言われるにもかかわらず、現代は子どもの虐待が非常に多くなっていることはよく知られている。養護施設に入所する子どもたちの場合を見ても、「捨てられた」というのはかつての話で、現在は親の所在のわからない例は少ない。たいがいが夫婦の不和や虐待等によって親から離れざるをえないという場合が多いのであるが（また親が鬱症状によって育児不能というケースも最近は増えているということに現代社会の持つ問題の反映があると言えるかも知れない）、小さなころに親の愛情を受けることのできなかった子どもたちの人生はやはり苦難に満ちたものとなるだろう。現代社会は「親になれない」人間がいかに多くなっているかということに気づかせられるのである。学校教育の困難さは、結局、人が成長してゆくということにおいて、最初の課題の時期を通過したのちの子どもを対象とせざるをえないというところにあるのであって、そうしてみれば、家庭教育の大切さはよく納得できるだろう。また、幼児教育は子どものその年齢段階からして、子どもの精神形成の最も大切な時期により深く接してゆくきわめて重要な役割を担っているということも納得できるだろうと思う。

三　近代社会と学校教育

学校教育はこのような家庭の持つ根源的な情緒の形成に与かることはできない。学校に入るまで慈しまれてきた愛情の土台の上に学校教育は成り立つのである。

私たちが学校教育で主題とする道徳教育というのも同じことである。学校教育と家庭教育は密接な関わりを持つことは後章でも述べることであるが、まったく学校教育は家庭教育の土台の上に成り立つものと言ってもよいであろう。家庭教育は人間が人間になるための出発であり基本なのである。

さて、そのような学校教育というのは、要するに、近代社会の成立に伴って生まれたものである。ヨーロッパの歴史を見ればわかるように、産業革命による社会の大転換は農村的共同体の決定的な崩壊をもたらした。大量生産、大量消費の社会が生まれ、そのことによって都市が発達し、農村から都市への大規模な人の流動が生まれた。工場による生産の組織化が進行し、人は組織の歯車となって、国家的な構造のなかに吸収されてゆくことになった。技術は日進月歩の発展を遂げてゆくが、その知識と技術の獲得こそが国家にとって重要なものとなってくる。そこに教育が国家主体として組織的になされる必要が生まれてくる。人間の再編が必要となったのである。かくて教育が組織化され、明確な目標が立てられ、一定のプランに伴って、集団的に教育が行われるようになっていったとき、教育はもはや、親が子を慈しむようなその原点から飛躍して、あるいは、切り離されて、ある程度、訓練と競争の体制のなかに組み入れられることになる。

それゆえ、近代的な学校というものは、程度の差こそあれ、多かれ少なかれ、このような性格を持っている。つまり学校は高度な「ゲゼルシャフト」(Gesellschaft)的集団なのである。[5]

四　学習指導要領における教科の構造

歴史的経緯に沿って考えてきたのであるが、再び、学習指導要領に沿って、現在の学校教育の組み立て方に考察を及ぼそう。

学習指導要領は学校における学びをいくつかのカテゴリーに分けて整理している。まず「教科」の範疇に入るものである。

小学校では、国語、社会、算数、理科、生活、音楽、図画工作、家庭、体育であり、中学校においては、国語、社会、数学、理科、音楽、美術、保健体育、技術・家庭、外国語の各教科である。

これでわかるように、小学校と中学校では若干の異同もある。例えば、外国語は小学校では第五、第六学年に三五時間ずつ配当される教科外の「外国語活動」とされているが、中学校では教科の範疇に入れられているようにである。

次に「道徳」が小・中学校ともに独立した範疇として置かれている。そして「総合的な学習の時間」、「特別活動」が続いている。

「総合的な学習の時間」の要点は「横断的・総合的な学習や探究的な学習を通して、自ら課題を見付け、自ら学び、自ら考え、主体的に判断し、よりよく問題を解決する資質や能力を育成する」というところに端的に現れているだろう。つまり、児童・生徒の自主的行動に発する自由学習がその眼目である。

「特別活動」というのは、学級活動、クラブ活動、学校行事等で、学校における重要な集団活動を包括したものである。各教科等の授業時間配分については章末に表をつけたので、それを見てほしい。[6]

私たちはこれらの範疇を眺めるとき、学校教育がおよそ教育にとって重要な要素を要領よく包含しているものであることに気がつくだろう、それは「知」と「徳」と「体」ということになる。

「知」はいわゆる知識、技術である。知的・技術的能力である。これは人間が社会において人や組織に関わって社会に貢献し、自分の立場を確立してゆくためにはどうしても必要なものであることは自明である。まして、現代社会はその構造がいよいよ巨大かつ複雑の度を増しており、加えてその日進月歩の技術の進展の変化の速さは私たちの想像を超えるものがある。このような社会の知的・技術的進歩に遅れないような子どもの学力を組織的に涵養することは学校教育の重要な義務であると言える。

「体」はいわゆるからだの健康である。小・中学校の時期は体と心が急激に成長してゆく「思春期」の時期を含んでおり、この時期をうまく乗り越えてゆくことは子どもにとって大切な課題である。体と心が成長のバランスを欠くとき、子どもはしばしば深刻な葛藤のなかに置かれ、そこから派生する問題は家庭と学校を捲き込んで解決困難な事態に至る場合も多い。そのように心身の調和の問題は重要なのであるが、それにしても、この時期において、体の健康がことに大切に守られるということは学校教育がなしうる重要な義務であるという認識から「体育」（小学校）「保健体育」（中学校）が置かれているのである。

思春期の子どもが心に問題があるとき、その兆候は必ずといってよいほど、服装の乱れや身体の故障になって現れることが多い。従って、教師にとって、児童・生徒の外的観察は、単に管理規則の面からの問題でなく、心の教育の側面からも重要な課題なのであるが、そうして見れば、これらの教科は、小・中学校ともに「教科」のなかに置かれてありながら、独立した性格として考えられうるものであろう。

そして「徳」の範疇がある。いわゆる「心」である。内面の情操、情緒的な陶冶が課題となる。すなわち道徳教育が関わるところの課題である。

知、徳、体のどれが不十分であっても、教育は完全性を欠くし、課題の達成を成し遂げられないが、この心の健康というものはなかなか目にもとらえにくく、数値の上でもとらえにくい。しかし、心の健康、豊かさ、心の成長が根源にあってこそ、体も知もその十全性を遂げるはずだという認識が、この章の最初にあげた指導要領のなかの「要」という表現となって現れている。

つまり、道徳教育は学校教育のなかで、子どもの心の健康と成長に関わる中核的な役割を担うものとして重要な役割を担っているのである。定められた時間数についてみれば、小・中学校ともに三五時間程度の時間が配当されているのであり、これは特別活動の授業数と同じである。それにしても、残念ながら、現在の学校のなかで道徳教育の持つ存在感は稀薄でないだろうか。

さて、私たちはこうして現在の学校教育のなかにおける道徳教育の意味を構造的に探ってきたのだが、本書においては、学校教育とか教育そのものの持つ意味については繰り返し述べておきたいので、この章を終わるにあたっても、改めてそれらのことに言及しておこう。

それは学校教育の根本的性格が集団教育にあるということである。それは今までの叙述によっても納得できると思うが、特に、特別活動や学校行事（「総合的な学習」も）などはその性格を強くしている。つまり、子どもが集団のなかでいかに協調的に行動していけるか、そのなかで自分を磨いていけるかというところに目的を置いているということである。学校教育の根幹的な目標が国家・社会の要請にこたえて、将来、社会人として矛盾なく生きてゆける能力や行動力を養うというところにあるとすれば、それは当然のことであろう。

しかし、ここで考えておかなければならないのは、世のなかには、どうしても、集団になじみにくい子どもというものもあるということである。特に最近の状況はそうで、今や、大学のなかですら、そのような学生が増えている。その意味で、学校という環境は、集団になじみにくい子どもにとっては「過酷」な環境である。そして、私たちは、集団になじみにくく、周りと合わせにくいということによって、その人の能力が劣っていて、社会的に価値がないのだとは当然のことながら言えない。結局、教師という存在は、集団的行動をつつがなくやっていける子どもを育てていくこと、その点において評価ということをやってゆかざるをえないという課題を抱えているのだが、同時に、そこから外れてゆく子ども、集団にどうしてもなじみにくい子どもの活力をいかに発見し、いかに生かしていくかという課題をも同時に抱えているということを、学校教育の本質的課題として、ここで確認しておかなければならないだろう。

■ 本章の要点と課題

① 道徳教育は学校教育の中核を担うものとして（要〈かなめ〉として）学習指導要領のなかに位置づけられている。

② 人間の教育の営みはいのちの尊厳を伝える役割を持ち、それは親と子の互いの学び合いのなかではじめ

て可能となる。

③　学校教育は近代社会の産物であり、本質的に集団教育として、そこには国家や社会の要求にこたえる役割が担われている。

④　知、徳、体は学校教育の三本柱であり、どれが欠けてもならないが、道徳教育は「徳」の教育を担っており、根本的な性格を持つ。

■注

1　学習指導要領というのは、小学校、中学校、高校などの教育課程を編成する際の基準のことで国が定める。昭和二二年、試案としてはじめて作成され、教科書もまたこれに基づいて作成される。

2　教育基本法は日本国憲法の精神に基づき、すべての教育法令の基準になるべきものとして昭和二二年公布された。前文を持つ意味では教育憲法的な色彩を持つ。現在のものは平成一八年一二月二二日法律第一二〇号によって改正されたもの。

3　日本国憲法は大日本帝国憲法に代わって昭和二一年公布。主権在民、平和主義、基本的人権の尊重を柱とする。憲法改正には国会議員の三分の二以上の議決に基づき、国民投票による過半数の賛成を必要とする。

4　逆に太平洋戦争終了後も、絶海の孤島で生きのび、人間としての自律の生活を貫いて帰国した元日本兵の出来事は、人間存在の素晴しさを伝えている。

5　ゲゼルシャフト（Gesellschaft）は利益社会と訳せられる。利害、明確な実現目標、あるいは打算に基づく社会結合で、大都市などに典型的に見られるもの。これに対して、ゲマインシャフト（Gemeinschaft）は共同社会と訳せられる。親密な愛情や了解によって結合される社会で、地縁、血縁によるものを主とする。家族、村落など。テンニエス（F. J. Tönnies　一八五五―一九三六）が『ゲマインシャフトとゲゼルシャフト』（一八八七）によって、社会がゲマインシャフトからゲゼルシャフトへと発展してゆくことを論じた。

6　小・中学校における各教科等の授業時数を指導要領別表によって示すと以下の通りである。

〈小学校〉

附則

この省令は、平成二〇年四月一日から施行する。ただし、第五〇条、第五一条及び別表第一の改正規定は平成二三年四月一日から、第七二条、第七三条、第七六条、第一〇七条、別表第二及び別表第四の改正規定は平成二四年四月一日から施行する。

別表第一（第五一条関係）

区分		第1学年	第2学年	第3学年	第4学年	第5学年	第6学年
各教科の授業時数	国語	306	315	245	245	175	175
	社会			70	90	100	105
	算数	136	175	175	175	175	175
	理科			90	105	105	105
	生活	102	105				
	音楽	68	70	60	60	50	50
	図画工作	68	70	60	60	50	50
	家庭					60	55

体育	102	105	105	105	90	90
道徳の授業時数	34	35	35	35	35	35
外国語活動の授業時数					35	35
総合的な学習の時間の授業時数			70	70	70	70
特別活動の授業時数	34	35	35	35	35	35
総授業時数	850	910	945	980	980	980

備考

一　この表の授業時数の一単位時間は、四五分とする。

二　特別活動の授業時数は、小学校学習指導要領で定める学級活動（学校給食に係るものを除く。）に充てるものとする。

三　第五〇条第二項の場合において、道徳のほかに宗教を加えるときは、宗教の授業時数をもつてこの表の道徳の授業時数の一部に代えることができる。（別表第二及び別表第四の場合においても同様とする。）

〈中学校〉

別表第二（第七三条関係）

区分	第1学年	第2学年	第3学年

各教科の授業時数	国語	140	140	105
	社会	105	105	140
	数学	140	105	140
	理科	105	140	140
	音楽	45	35	35
	美術	45	35	35
	保健体育	105	105	105
	技術・家庭	70	70	35
	外国語	140	140	140
道徳の授業時数		35	35	35
総合的な学習の時間の授業時数		50	70	70
特別活動の授業時数		35	35	35
総授業時数		1015	1015	1015

備考

一　この表の授業時数の一単位時間は、五〇分とする。

二　特別活動の授業時数は、中学校学習指導要領で定める学級活動（学校給食に係るものを除く。）に充てるものとする。

■ **学習を深めるための参考文献**

①小学校学習指導要領　平成二〇年三月告示　文部科学省
②中学校学習指導要領　平成二〇年三月告示　文部科学省
③小学校学習指導要領解説　道徳編　平成二〇年八月　文部科学省
④中学校学習指導要領解説　道徳編　平成二〇年九月　文部科学省
⑤A・ポルトマン著、高木正孝訳『人間はどこまで動物か―新しい人間像のために―』（岩波新書）
⑥J・M・G・イタール著、中野善達・松田清訳『新訳　アヴェロンの野生児―ヴィクトールの発達と教育―』（福村出版）
⑦J・S・アシュトン著、中川敬一郎訳『産業革命』（岩波文庫）

第二章　敗戦と戦後日本の社会状況

一　明治維新以降の近代史の経過

私たちはこの章で、太平洋戦争に敗北した日本の社会状況と教育との関係を考えてゆくことになる。日本は一九四五（昭和二〇）年八月一五日、ポツダム宣言[1]を受け入れて敗戦国となった。いわゆる無条件降伏であって、以後、一九五一（昭和二六）年のサンフランシスコ講和条約によって再び国際社会の仲間入りをするまで、連合国軍最高司令官総司令部（ＧＨＱ）、実際にはアメリカによってその管理下に置かれることになったのである。日本史上、未曾有の民族的敗北であり経験であったと言ってよい。なぜこの民族的壊滅とすら言える戦争に突入してしまったのか。このことは詳細な歴史的考察を必要とするほどの重要な問題であるが、遡れば、明治維新以来の近代日本の航跡の奥深くに根ざしている問題であると言えるだろう。その歴史的経過を概観しよう。

前章でも触れたが、一八世紀半ば以降、イギリスに始まった産業革命は社会や人々の暮らしの構造的変革を呼び起こしたが、この資本主義の急激な展開はその原料や市場を求めて海外へと進出の速度を速めた。二七〇年の鎖国の夢を醒まされた一八五三（嘉永六）年の浦賀沖へのペリー来航もそういった世界史的な動きのなかにあるわけである。

日本列島の位置を地球儀の上で眺めれば歴然とすると思うが、日本列島は日本海を隔てて広大なユーラシア大陸に接するとともに、一方にはまた広大な太平洋に長い列島の岸を向けている。この地政学的位置が三・一一東日本大震災の際の未曾有の津波被害をもたらしたわけだが、また一方では、日本海を隔てているお陰で、あの中華帝国の過大な干渉をもカットして割合に独自の文化と歴史を形成しえたということは、日本の隣国である朝鮮の歴史と文化がいかに中華帝国に翻弄されたかということを振り返ってみればわかるだろう。同時に、この日本列島の地政学的位置は、自分の方から外国に歴史的仕掛けを仕掛けるには不向きなものだったのである。

その受身の姿勢を一転させたのが明治維新である[2]。ペリー来航より動乱の幕末一五年を経て、徳川幕府から明治新政府への転換は日本史内部の内発的なエネルギーからの転換というより、外部勢力による「強いられた」転換であったという性格が強い。しかし、強いられた開国であったとはいえ、みずから近代資本主義の道を歩き始めた日本は、欧米列強によって強いられた開国をみずからは朝鮮に求めることになった。つまりみずからもまた帝国主義者へと変身したのである。ある意味では、日本史上、「国家」というものがはじめて意志的に外国に歴史的仕掛けをしたはじめてであるといってよいだろう。

資本主義というのは、技術と生産の果てしない拡大をその本質とするものであるのだから、一方には、安価な労働力の提供が継続的にあることが必要であり、また一方には、豊かな原料と市場の獲得が必須の課題となる。そういう血のめぐりを前提とするものであることを理解すれば、対外膨張は初動期の資本主義にとって、必然の進路であり選択であったといえるであろう。

こうして日清（一八九四〈明治二七〉年—九五〈明治二八〉年）、日露（一九〇四〈明治三七〉年—〇五〈明治三八〉年）の両戦争[3]が起こっている。それは結局、朝鮮の支配をめぐる清国及びロシアとの確執に起因するものであった。東洋の一小国が明治維新という近代の革命的経験を契機として立ち上がり、当時の世界的大国、清国とロシアと戦争を起こし、「勝利」という事態に持っていったのであるから、このことが国民に与えた興奮と誇りの思いは強いものになった。日本が大韓帝国を併合したのは一九一〇〈明治四三〉年のことである。いわゆる日韓併合である。これによって韓国という国は消滅したのであるが、一九四五年、敗戦によって韓国は日本の手を離れ、独立、分裂の道をたどることになったのである。北に朝鮮民主主義人民共和国〈北朝鮮〉、南に大韓民国〈韓国〉、それぞれ体制をことにする国家が生まれることになった。

ところで、韓国を併合した日本の次の目標は無尽蔵の資源を蔵すると目された中国東北部、満州であった。中国内部の反日闘争は激化しつつあった。革命ソ連の動きもあなどれない。「満州国」は一日も早くつくられねばならない。

一九三一（昭和六）年、奉天郊外の柳条湖で、みずから満鉄（南満州鉄道）の線路を爆破して日本軍は日中戦争に突入した。満州国はその翌年、元清国の皇帝であった溥儀を執政として建国された。日中戦争は限りない泥沼的戦線の拡大をたどった。明らかに誤算であった。大陸の広さは日本軍の（日本人のといってもよいか）観念を越えていた。

日本人は戦国時代を通じて急峻な地における戦争の「技術」は蓄積があったであろうが、大陸とか砂漠での戦争の「文化的」蓄積はない。いくら点をつぶしても全面的な展望は開けず、軍と国力の消費をもたらすばかりであった。軍需物資としての工業原料の不足は深刻であり、この輸入を賄う綿糸、綿布などの輸出は欧米各国の関税障壁によって抑えられた。このことが日本に南方への転換を促したのだが、そこでは当然、この地域を植民地とする英、米、仏などとの直接の対決を避けられないものにしたのである。衝突は時間の問題であった。

「窮鼠猫を噛む」というが、日本の連合艦隊によって、一九四一（昭和一六）年一二月八日、ハワイ真珠湾奇襲攻撃が断行されたが、それはこの追いつめられた事態を一気に打開しようとする無謀と言えば無謀な「奇策」にほかならなかった。満州事変以来の一五年戦争の最後の段階としての太平洋戦争がここに始まったのだが、緒戦の勝利もつかの間、朝鮮半島にいわば「不発弾」を抱え（反日義兵闘争）、中国で日中戦争を継続する日本にとって、太平洋でアメリカに勝利できるはずもなく、こうして戦争は一九四五年八月一五日、日本の敗戦によって終わったのである。それまでに沖縄が日本で唯一の熾烈な戦場となって多くの民間人が犠牲となり、八月六日広島に、九日長崎に原子爆弾が投下されたことは周知の通り。明治維新に始まった大陸と世界への日本の「挑戦」はここに幕を閉じた。日本人は無一物となって戦火の焼け跡に放り出されたのである。

ところで、歴史的なことがらについての客観的な評価というのはきわめて難しいものがある。同じことがらでも、国と立場をことにすれば、まったく正反対の評価がなされるのは致し方のないことであるが、日本近代史についてもこの問題はつきまとっている。

戦後の歴史学と教育がマルクス主義的な見方が支配的となったために、太平洋戦争を無謀な侵略戦争と断罪して、その評価を一気に日本の近代史そのものの評価にしてしまう傾向があった。しかしそれはやはり偏っているものの見方であろう。

また、ＮＨＫでもドラマ化されたが、『坂の上の雲』の作者である作家の故司馬遼太郎は明治という時代をこよなく愛した。そして、昭和の戦争を自分の経験とも反照させて痛烈に批判し、昭和の軍人に対する評価にはきわめて厳しいのである。その結果、彼は明治という時代とそれ以後の時代を明確に「切断」して、明治という時代を非常に単純な性格においてとらえている面のあることは否めない。このように、ある時代まではいいが、ある時代からは悪いというように、歴史の連続性を自己の立場から断ち切ってしまうというのもやはり肯定できるものではない。

私たちは「教師」としての立場から歴史を眺め、歴史を教える責務を負っている。その際、大切なことは、歴史を常に絶えざる連続として眺めること、歴史を構成する様々な要因をできる限り公平にみてゆくことである。傍観主義ということでなく、価値中立的であることは歴史を教えるものの基本の心構えである。

異論を排除してはならない。教師として歴史を教えていくときにもこの心掛けはきわめて大切なものとなるであろう。

二　戦後の状況と教育改革

以上は敗戦に至るまでの経過を価値評価とも含めて述べてきたのであるが、敗戦によって生まれた新しい状況について以下述べなければならない。

何より天皇制軍国主義が崩壊し、大日本帝国憲法に成り変わって登場した日本国憲法は平和主義、主権在民、基本的人権の尊重を高らかにうたったのである。このころ、文部省から出された「あたらしい憲法のはなし」を読んでみるとよい。その斬新さに驚かざるをえないはずである。

また、戦前の教育理念に君臨していた「教育勅語」も否定された。参議院では「教育勅語等の失効確認に関する決議」（昭和二三年六月一九日）、衆議院では「教育勅語等の排除に関する決議」（昭和二三年六月一九日）がそれぞれ出されたのである。

さらに、マッカーサー司令部は昭和二〇年一二月三一日付で「修身・日本歴史及ビ地理停止ニ関スル件」について迅速に指令を出したのである。つまりそれらの科目が戦前の軍国主義教育の元凶とみなされたのである。

こうして皇国主義的風潮の一掃が図られた。敗戦の代償とはいうものの、日本人は自国の歴史や文化、地理等を学ぶことができなくなったのである。地理と歴史は間もなく暫定教科書を使って再開されたが(昭和二一年六月及び一〇月)、修身はついに復活しなかった。修身というものがいかににらまれていたかの証左である。

さて、私たちはここで「初期社会科」と言われる教科の問題を見ておいてもよいだろう。修身、国史(日本歴史)、地理といった教科が廃止されたことはすでに述べたが、ＧＨＱの指導のもと、それらに代わって、登場したのが「社会科」と言われる教科であった。昭和二二年三月には、国会で教育基本法と学校教育法が成立し、四月から新しい学制が発足したのである。そして、五月に「学習指導要領　社会科編（1）小学校」が、六月には「学習指導要領　社会科編（2）中学校及び高等学校第一学年」が出され、九月から社会科が全国の小・中学校で開始された。この指導要領が昭和二二年版の学習指導要領と呼ばれるものであるが、それは戦前の色彩を大きく払拭した「民主」的な特徴を出しているものである。

この社会科の特徴は要するに徹底した体験学習の重視、児童・生徒の自主性の重視にあるといってよい。言うまでもなく、戦前、一方的に上から知識や徳目といった観念が注入されたことを反省して、児童・生徒の身の周りの生活をよく考え、体験させ、それを児童・生徒みずから試行錯誤のなかで解決の糸口を見出してゆくというものである。戦前の反動としての戦後の典型的な傾向であった。現在の総合的学習に通うものがあると言えるが、ある意味では、勢いはそれ以上に徹底していた。しかし、実際のところ、その試みは必ずしも成功したとは言えない。敗戦からまだ十分に立ち直れない状況のなかで、単に児童・生徒に課題ばかりを提起するということでは、実際のところ、実行は難しかったし、教師も教え方に混乱があった。教師自身がその意味と意義を十分に咀嚼できなかったのである。

指導要領は二六年版、三〇年版と改訂を重ねられてゆく。それは全体として日本の実情に合うように改訂されてゆく努力に沿っている。三〇年版では社会科のみの改訂が行われたが、背景にあるものは経験主義、体験主義の是正、系統化への転換である。

そして、昭和三三年の改訂があった。この改訂において「道徳」が新設されるのである。そして、小学校社会科の目標にも、郷土や国土に対する愛情が強調され、先人の業績や優れた文化遺産を尊重する心、国家や社会の発展に尽くす態度、などが押し出されたのである。

三　特に歴史教育の問題について

歴史教科は特に主観に左右される歴史的価値観が入りやすいところで、戦後の歴史教育、歴史研究は戦前の反動もあって、マルクス主義史学が主流となったということはすでに述べた。日本の戦争を侵略と断定し、みずからの歴史を徹底的に断罪するという方向で処理される傾向が強くなった。指導要領の改訂はこうした傾向に対する「反論」の性格を帯びているものと言ってよいのであるが、なぜそうなったかについては、当然、社会的背景があり、それは次の章の主題となる。その前に、以上のことに関連して、「昭和史論争」について読者の関心を喚起しておこう。

戦後一〇年、昭和三〇年に岩波新書の一冊として刊行されたのが、マルクス主義史学の立場に立つ歴史学者、遠山茂樹ほかの共著による『昭和史』であった。これは各地の勉強会のテキストとして歓迎されることになった。

ところがこの書に対して、強い批判を提起したのが文芸評論家の亀井勝一郎（一九〇七―六六）である。亀井は『文藝春秋』昭和三一年三月号に「現代歴史家への疑問」と題して、この書について彼の立場から批判を披瀝したのである。

その要点は二つあって、ひとつは、この書が戦争の原因をいわゆる「軍国主義者」の暴走と位置づけることに終始したこと。もうひとつは、それに関連して、この書が人間というものをあまりにも階級史観で割り切っていて、人間というものの真実の姿をまったく無視しているということ、この二つの点にあった。

亀井によれば、歴史はそういうものではないという。歴史は人間の歴史である。そして、人間存在というのは公式では割り切れない複雑な諸相を持つものである。例えば、軍国主義者の暴走というが、昭和の戦争の過程を通じて、国民自体がそれを応援し納得した側面はなかったのか。あるいは、「軍国主義者」自体のなかの苦悩というものはなかったのか。そういう人間の迷いの相というものを伝えるのが歴史家の義務ではないのか。それを文学的な趣味だとして割り切ってはならないのではなかろうか。こうして亀井は歴史を学ぶこと、歴史を伝えること、書くことについて、マルクス主義的な公式史観を痛烈に批判したのであった。昭和三〇年代に入ったこの時期に、戦後の社会、戦後の歴史学界、教育界を席巻したマルクス主義史観に批判の一石を投じた亀井の批判は、その意味で時宜を得たものであったが、それはまた歴史学者からの反批判を喚起し、こうして歴史を学ぶこと、歴史を伝えることについての論争が学界を越えてなされたところに「昭和史論争」と言われる論争の意義があったと言えるだろう。この「昭和史論争」もまた歴史を教える者、学ぶ者にとってみておく価値のある問題である。

亀井勝一郎はこのあとみずから、昭和の歴史を検証する意味を持って一連の論文を発表している。「歴史家の主体性について」(『中央公論』昭和三一年七月号)、「日本近代化の悲劇」(同八月号)、「擬似宗教国家」(同九月号)、「革命の動きをめぐって」(同一〇月号)がそれである。

■**本章の要点と課題**

①近代日本の史的評価は様々な局面から考えるべきであって、侵略史観だけで断罪するのは一面的である。

②太平洋戦争後、GHQの指令により、修身、国史（日本歴史）、地理の教科は廃止された。特に修身は国粋主義教育の眼目とされた。

③戦後の教育は国粋主義教育の反動もあって、体験主義が主役を占め、初期社会科をはじめとして画期的な教育への試みが行われた。

④「昭和史論争」は戦後の歴史教育の論争に大きな意味と問題点を投げかけた。

■**注**

1　ポツダム宣言とは一九四五年七月二六日、ベルリン郊外のポツダムで、対日戦争終結のための条件を米・英・中が協議、宣言したもので、対日参戦後はソ連も参加した。

2　明治維新　江戸時代の幕藩体制国家が清算され、一八六八年九月八日、慶應から明治に改元。近代国家への脱皮が目指される。

3　日清戦争　（一八九四―九五）　朝鮮の東学党の乱を契機に朝鮮の支配をめぐって清国と対立。一八九五年四月、下関条約締結。
日露戦争　（一九〇四―〇五）　朝鮮、満州の支配をめぐってロシアと対立。一九〇五年、ポーツマス条約締結。

■**学習を深めるための参考文献**

①日本近代史については多くの著作があるが、中央公論社刊行の「日本の近代」シリーズがテーマ別に日本の近代をとらえており勉学の深化に役立つ。また昭和の歴史については、小学館版の「昭和の歴史」シリーズがわかりやすくもあり勉学に役立つと思う。

② 童話屋編集部編『あたらしい憲法のはなし』（童話屋）

③ 司馬遼太郎『坂の上の雲』全八冊（文春文庫）。明治維新期の日本を描いた小説であるが、時代の状況を臨場感をもって知ることができるであろう。他に『翔ぶが如く』全一〇冊（文春文庫）『世に棲む日日』全四冊（文春文庫）等。司馬遼太郎には全集もある。

④ 遠山茂樹ほか『昭和史　新版』（岩波新書）。初版は絶版にされた。

⑤ 亀井勝一郎については、講談社から「亀井勝一郎全集」（全二一巻・補巻三巻）が刊行されている。「現代歴史家への疑問」ほか本文に紹介した論文については岩波現代文庫に『現代史の課題』として収録されている。『日本人の精神史』全四巻（講談社文庫）は未完ながら亀井勝一郎のライフワーク的作品である。

第三章　日本の復興と「道徳」の新設

一　日本の独立とサンフランシスコ講和条約

敗戦後長くＧＨＱの管理下にあった日本の「独立」は一九五一（昭和二六）年のサンフランシスコ講和条約[1]によってもたらされる。サンフランシスコ講和条約というのは、日本がかつての対戦国と講和の仲直りをし、再び国際社会の一員となって「独立」するというものであるが、この締結を急いだのは何より、アメリカを中心とする「自由主義」陣営の思惑がある。

北緯三八度線を境に朝鮮民主主義人民共和国（北）と大韓民国（南）に分かれていた朝鮮半島で動乱の火の手があがったのが一九五〇（昭和二五）年の六月二五日である。北朝鮮軍の怒涛の南侵が開始され、それに対して、アメリカを中心とする多国籍軍の反撃があり、さらに中国人民義勇軍が参戦するといったように、三年にわたってこの地に戦乱が繰り返された。このことはアメリカに強く共産主義の脅威に対する防御の必要性を急がせたのである。韓国と日本を共産主義の脅威からの砦とすることが必要だった。そのためにも日本が独立すること（日韓の国交回復を急ぐことも求められた）、相応の軍事力を再び身につけることが求められたのである。

しかし、条約の達成は内外二つの点で困難を極めた。まず、国内では、この条約はすべての国家と講和を結ぶものでなければならないという「全面講和」論が国民感情として強く、自由主義陣営に一方的に肩入れするようなことであれば、日本が再び戦争に捲き込まれるのではないかという恐れが深刻な社会的雰囲気としてあったことである。結果として、この講和条約はソ連、ポーランド、チェコの共産主義国は署名せず、アメリカをはじめとする四八カ国との講和に留まるという「単独講和」に結論されたのである。これは日本が世界的な東西冷戦の片方の仲間を選択したということを意味する。外的な困難さとはこのことである。

しかも中国は台湾との関係でどちらを中国の代表とするかという懸案から招請は見送られた。日本と中国との国交回復はさらに後回しになったことは周知の通りである。日中平和友好条約は一九七二（昭和四七）年の日中共同声明に基づいて、一九七八（昭和五三）年、北京で調印された。

また韓国はこの会議の参加に固執した。しかし、韓国は日本と戦争状態にあった国とは認定されなかった。一九一〇（明治四三）年の日韓併合条約は、国際法的に締結された国家間の条約であり、それによって韓国は日本そのものになったのであり、形式としても実態としても戦争状態にあったとは考えられないというのが通常の国際理解であった。

とはいえ、韓国の民族的鬱憤は当然、晴れない。この感情が今に至るまでの日韓摩擦の根源にあることを私たちは理解しておこう。北朝鮮とは断絶したが、韓国との間にはこれ以来一五年をかけて困難を極めた交渉が行われ、一九六五（昭和四〇）年の日韓基本条約によって国家間交渉の解決を見るに至った。

二　日米安全保障条約の締結

また重要なのは、このとき、サンフランシスコ講和条約とともに日米安全保障条約が締結されたことである。現在、沖縄の基地問題が深刻さを極めているが、これによって、米軍が日本の各地に基地を確保することになったのである。

ところで、日米安全保障条約は何も日本だけを防御するというためのものでなく、「極東の安全と平和」を維持するためのものである。具体的に踏み込んで言えば、極東に危機が発生したとき、日本国内の基地から米軍の軍用機が飛び立ちうるということであり、それはつまり日本がアメリカの後方基地としての役割を果たすということ、日本もまた「アメリカの戦争」に参加するということであって、当然、戦争に対する忌避感情のある日本人の反発を呼ぶ。こういう危機感が当然、国民の間に安保反対の空気を生み出し、その波は一九六〇（昭和三五）年の安保改定のときに最高潮に達したのであった。

もとより日本国憲法には第九条に象徴される「戦争放棄」条項があった。それは文字通りの絶対平和主義の精神を表象していたのだが、朝鮮戦争を頂点とする東西対立のなかでもろくも形骸化していったということである。

しかしまた、安保によって日本は軍事的負担を軽減し、経済復興に専念できるようになったという事情もみなければならない。しかも、朝鮮戦争はいわゆる「朝鮮特需」をもたらした。つまり、アメリカの戦争の後方にあって、日本は軍事物資の生産にはからずも奔走したのであるが、これが経済効果をもたらし、一気に経済復興の息を吹き返したのである。高度経済成長の始まりである。

そして、朝鮮戦争によって空白となった日本の安全保持を目的に警察予備隊がつくられたのは一九五〇年である。これは五二年に保安隊に編成替えされ、さらに五九年に自衛隊となった。実質的に日本の再軍備の基礎が固められたのである。

三　教育の右傾化と道徳の新設

現在の学校で実施されている「道徳」は昭和三三年の学習指導要領の改訂によって登場したものであるが、その登場の背景に、以上述べたような時代背景のあることは理解しておきたいのである。つまり、敗戦によってＧＨＱの管理下に置かれた日本が東西冷戦のなかでアメリカを中心とする自由主義陣営のなかに取り組まれてゆく過程、それは日本に共産主義の脅威に対する防衛の砦たることを要求していること、また、日本の国際社会への復帰も結局そのような政治的選択としての色合いを帯びざるをえなかったこと、韓国との日韓基本条約もまた両国のみずからの意思によるというよりも（それもあるが）、アメリカの戦略的要求の上に発しているということ、などである。そして、皮肉にも、このような政治的選択をすることによって、日本は経済復興をなしえたのである。

このような事情のなかで道徳が学校教育の問題として提唱されたものだから、それは最初から議論を呼んだ。ひとつには、それは修身の復活ではないかという見方である。全体の傾向として言えば、初期社会科のところで論じたように、政府が初期社会科を彩っていたある種の自由主義的な雰囲気に警戒感を抱き始めていたということはある。その「過度」の「民主主義」的性格、体験主義に対して、それではスピード化する国際情勢に対応していけないのではないかという危機感を抱き始めたという事情もある。そして、やはり、国や民族としての「一体性」をもう一度回復したいという要求も、政治を主導する立場のなかになかったとは言えない。

しかし、第五章で述べることになるが、実際には、新しい道徳教育は戦前のものとはさすがに異なったものであった。言うまでもなく、露骨な教訓的、徳目主義的な性格はなくなっている。

ところでそうした国民のなかに根ざした道徳教育への懐疑というのは、この道徳の誕生とともに、教育界には別の問題が発生したことにもよっている。そのことも銘記しておきたい。それは戦後、教育界に強い力を持ち始めた日教組（日本教職員組合）に対して危惧の念を抱いた政府がその力をそぎたいという動機から発生した「事件」である。ひとつは教員の勤務評定制度の趣旨徹底であり、ひとつは全国一斉学力テストの実施である。

第一次岸信介内閣は、昭和三二年九月一〇日、教員勤務評定制度についての趣旨徹底についての通達を行った[2]。日教組が大きな力を持っていた学校現場では、公務員の制度としてもともと存在したこの勤務評定は実行されず、なきも同然の現実だったのである。

昭和三二年の愛媛県を皮切りに、三三年には全国一斉に行われることになり、現場には大きな混乱が生まれた。

もとよりあらゆる組織には管理と評価という要素は否定することができない。教育にもまたこの要素はついて回る。教師の児童・生徒への関わり方すら、この管理と評価という要素をなくしてしまっては成り立たない側面がある。勤務評定は校長が管理下の教員を評価する制度であるが、それは学校の教育という、本来、タテの管理になじみにくい組織において実施しようとするものであっただけに混乱が生まれたのである。

第二に、全国一斉学力テストの実施というのは、昭和三六年、中学二、三年生を対象に全国で実施された一斉学力テストのことである。その名目は、新学習指導要領によって学力水準を検討し、地域格差の是正を図るというところにあったのだけれども、受ける側がそのようなのどかな受け取り方のできなかったのが当時の情勢というものだった。一種の中央集権的管理の実行と受け取られたのであった。唐沢富太郎の『近代日本教育史』（誠文堂新光社）では、試験当日、校庭にZ旗が掲げられたり、校長が激励して回るといった風景があったと朝日新聞の報道を紹介している。特別の準備は不要という建前であったにもかかわらず、試験準備、対策、果ては問題漏れなど、難点は絶えず、またそのことによる当然の結果として、各県、各学校の成績、順位が公然の秘密として流れるようになっていったのである（唐沢氏同書）。

これらの「事件」の背景に、学校という存在が中央集権的な体制のなかに組みこまれてゆく風景が見えており、「教育の右傾化」と評された。のどかな体験学習の時代は後ろに退いて、競争原理を骨格とする知識重視の傾向が前面に出てくることになった。

教育は政治から中立なものでなければならないという建前、理想はあるけれども、実際のところ、教育ほどときの政治や社会の状況から影響を受けるものはないのである。

教育史の展開はその後もなおめざましい。昭和四〇年、中央教育審議会から「期待される人間像」の中間草案が発表された。その内容を少し眺めてみよう。

それによれば、今日の世界において「国家を構成せずに国家に所属しないいかなる個人もなく民族もない」ということなのであって、「個人の幸福も安全も国家によるところがきわめて大きい」のである。それゆえ、そのような「国家を正しく愛することが国家に対する忠誠」なのであって、「正しい愛国心」こそ「人類愛」に通じるものなのである。さらにそのような「日本国への敬愛の念」は「日本国の象徴」としての「天皇への敬愛の念」につながるものであるとされる。戦前のような過激なナショナリズムの雰囲気はさすがにないにしても、「国家」や「天皇」の用語がいかにも無反省的に唐突に出てきたという印象は免れなかった。

四　家永教科書裁判

この同じ年に、東京教育大学教授の家永三郎はみずから書き下ろした高等学校用日本史教科書の検定不合格の裁定について、日本国憲法で保障された表現の自由、学問の自由を侵すものであるとして、国家賠償請求の民事訴訟を起こした。いわゆる教科書裁判と言われるものである。[3]

言うまでもないが、日本の学校で使われる教科書は国の検定を通過しなければ使うことはできない(学校教育法)。建前は文字の誤植やことがらの記述的間違いといった外部的な点検に限られているはずのものであったが、しだいに内容に踏み込んだものになっていったことは否定できないのである。これが教科書の広域一括選択の動きと連動すれば、事実上の国定教科書の事態になってゆくということも予想される。

昭和四〇年代から動き出したいわゆる「大学紛争」は「体制」の権威と形骸化に反抗して全国的な動

きになった。教育界においても、養護学校義務化、主任制の導入、教員の初任者研修など、その動きにはめまぐるしいものが続いたのである。

指導要領改訂に伴って誕生した道徳の背景には以上のような政治的、社会的背景があったことを理解したい。

■ 本章の要点と課題

① 敗戦によってGHQの管理下に置かれていた日本は、一九五一年のサンフランシスコ講和条約によって再び国際社会の仲間入りをすることになった。世界四八カ国との締結。韓国は日本と「戦争状態」にならなかったとして参加を阻まれた。

② 日本のこの「自立」の背景にはアメリカとソ連の対立に象徴される東西冷戦があり、日米安全保障条約の締結とともに、日本がアメリカ陣営の仲間入りをすることを意味した。

③ こうした政治の動きのなかで、教育界も教員勤務評定制度の徹底、全国一斉学力テストの実施など、日教組に対抗する動きが加速化されていった。いわゆる教育の右傾化。

④ そうした動きのなかで昭和三三年、「道徳」が新設された。

⑤ 東京教育大学教授の家永三郎は教科書検定制度を憲法に定められた学問の自由を侵すものであるとして裁判を起こした（いわゆる教科書裁判）。

■ 注

1　サンフランシスコ講和条約は戦後を画する重要な条約である。また、本文にも言及されているように、日米安全保障条約もこのとき同時に締結された。これは一九六〇年に一度改定があり、一九七〇年からは自動継続となった。また、日韓基本条約は一九六五年に、日中平和友好条約は一九七八年に締結され、

「戦後の清算」が進んでいったが、周知の通り、北朝鮮との交渉は進んでいない。

2　昭和二五年一二月公布の地方公務員法第四〇条による。「任命権者は、職員の執務について定期的に勤務成績の評定を行い、その評定の結果に応じた措置を講じなければならない。」

3　教科書裁判は昭和四〇年の第一次訴訟、昭和四二年の第二次訴訟、昭和五九年の第三次訴訟があるが、平成九年の第三次訴訟の最高裁判決をもって終結した。結果的には家永側の敗訴に終わったが、第二次訴訟第一審の「杉本判決」（東京地裁）は、国民教育権を展開して家永側の全面勝利としたが、これはこの教科書裁判の過程を通じて異色かつ画期的な判決として歴史に記憶される。

■学習を深めるための参考文献

①サンフランシスコ講和条約前後の国際関係を含めての事情については、第二章でも紹介した歴史関係のシリーズが妥当な参考書である。

②日韓関係を知るには様々な参考書がある。日韓関係をどのように評価するかによって、正反対の論が展開されるのも日韓関係のやむをえない性格であることを注意しながら学ぶ必要がある。森山茂徳『日韓併合』（吉川弘文館）、高崎宗司『日韓会談』（岩波新書）のほか、金完燮《キムウォンソッブ》『親日派のための弁明』（扶桑社）も参考になる。

③家永三郎『一歴史学者の歩み』（岩波現代文庫）。家永三郎は戦後を代表する日本史学者。『太平洋戦争』（岩波書店）の著作においては太平洋戦争を「侵略戦争」として断罪。『家永三郎集』（全一六巻）が岩波書店から出版されている。全業績のなかから主要なものが選択された。

第四章　戦前の道徳教育―教育勅語の思想をめぐって―

一　徳川時代の歴史的性格

本章では再び明治の時代に戻って、戦前まで日本の教育思想に大きな影響をもたらした教育勅語を中心に、その時代的な状況を眺めておきたい。

しかし、その明治時代の性格を考えるためには、実はその前の徳川時代（江戸時代）の性格を考えることが必要である。ここでそのことに言及しておく。[1]

徳川時代というのは、要するに、徳川幕府という強力な幕府を中心にした連合国家体制であった。「連合」という意味は、確かに、徳川中央政府の強力な拘束と指導はあったものの、各藩にはある程度の自立的な動き、経営が許容されていたということである。政治的にはともかく、それは特に、教育とか経済の分野においてそうであった。幕藩体制の内在的秘密とも言うべきものがそこにある。

徳川の時代を通じて、諸藩はその立場の相違はいろいろあるにしても、徳川幕府に対して、一貫して、ある種の相対的自立性を持ちえたのである。実はこの自立性こそ幕末における倒幕のエネルギーの素因を形成しえたということすら言えるのである。明治新政府は過去の自分をひたすら捨てようとしたわけであるが、それは自分がそこから出てきた根っこを否定するに等しいことだった。そういうわけで、幕藩体制を、徳川家の強大な力に引き寄せてみるならば、それは中央集権的な一元的支配の貫徹された社会の様相を示しているかに見えるけれども、一方、これを諸藩の有していた「自立性」の力に引き寄せてみてみるならば、風景は一転して、連邦国家的な多元的社会の様相を呈するのである。

要するに、徳川社会は、政治体制的には強力な幕府の支配が指向されながらも、その実質においては多元的社会として機能していた側面を否定できないのであるが、ここに生じた文化の総体的な傾向における活力こそ、幕末における「雄藩」の登場を準備しえたのだし、幕藩体制そのものが、その本質的性格のうちに個的分化への胎動を有していたということになるだろう。

それゆえ、明治新政府の課題というのは、結局、この「連合性」をもう一度否定して、中央集権的な性格に徹底して戻すことであった。そこに諸藩の民でなく、ひとつの「国民」としての近代国家の誕生がはじめて期待できるわけであった。

そして、そこから出されてくる要求は主として三つある。

ひとつは軍制の統一。つまり、徳川時代に各藩に戦力が分かれ、しかも戦争は武士の「特権」であったのであるが、明治新政府は国民皆兵にして、軍隊を一元化した。庶民が国防を担うのである。この近代軍隊の力はあの西南戦争（明治一〇年）においていかんなく発揮されたのだった。精悍を誇った薩摩武士の意気込みも、近代的武器を携えた農民出身の軍隊の前にもろくも崩れ去ったのだった。

二つには税制の一元化。地租改正（明治六年）である。これによって従来の封建的現物経済機構が一掃されて税制の中央集権化の基礎が築かれた。

そして三つ目に、教育の統一の必要があった。教育の統一こそ、国民をひとつの意識のなかに取り汲む最後の課題であるからである。

明治新政府が急いだ教育改革の最初の成果は明治五年の学制である。その序文は「被仰出書《おおせいだされしょ》」というもので、学制の持つ性格をよく表現している。その内容を改めて要約してみると、国民一人ひとりの立身出世、富貴栄達を奨励し、そのための知識と学問の必要性を強調する。その学問は空疎な観念をもてあそぶものであってはならず、実際に役立つものでなければならない。このあたりの説はこのころ、福沢諭吉が『学問のすすめ』で論じた主張と軌を一にしているのであるが、従って、学問は一部の限られた人たちのものでなく、国民全体のものである。それまでの時代の学問の特権的性格を排除しているのである。そして、学問はほかならず自己のためにするのであるから、その費用も自覚をもって国民の一人ひとりが負担すべきものであるとする。

のちの増補もあわせて二〇〇章を越える膨大な「教育計画書」といったものであるが、現実との乖離から実効性を伴わなかった。明治二〇年ごろに至っても、その就学率は四〇％前後に過ぎなかったと言われる。

明治一八年、初代文部大臣となった森有礼は教育の国家的修正を急いだ。学制の中途半端な欧化主義の姿勢を正したのである。明治一九年に小学校令、中学校令、帝国大学令、師範学校令が出され、学校の整備が急がれた。こうして明治二三年に教育勅語が告示されるのである。

二　教育勅語の登場

教育勅語はすでに明治一五年に下賜されていた「幼学綱要」の一層の具体化であり体系化といった様相を帯びている。この年には「軍人勅諭」も出ている。いずれも天皇と国家を核とする体制への一体化が根幹にあるものであった。教育勅語は正式には「教育ニ関スル勅語」と名称されるものであるが、明治の教育理念が結局、最終的に選び取った終着駅である。その全文についてはやはりここに示しておかねばならない。

朕思フニ我カ皇祖皇宗国ヲ肇ムルコト宏遠ニ徳ヲ樹ツルコト深厚ナリ。我カ臣民克ク忠ニ克ク孝ニ億兆心ヲ一ニシテ世々厥ノ美ヲ済セルハ此レ我カ国体ノ精華ニシテ教育ノ淵源亦実ニ此ニ存ス。

爾臣民父母ニ孝ニ兄弟ニ友ニ夫婦相和シ朋友相信シ恭倹己ヲ持シ博愛衆ニ及ホシ学ヲ修メ業ヲ習ヒ以

テ知能ヲ啓発シ徳器ヲ成就シ進テ公益ヲ広メ世務ヲ開キ常ニ国憲ヲ重シ国法ニ遵ヒ一旦緩急アレハ義勇公ニ奉シ以テ天壌無窮ノ皇運ヲ扶翼スヘシ是ノ如キハ独リ朕カ忠良ノ臣民タルノミナラス又以テ爾祖先ノ遺風ヲ顕彰スルニ足ラン。

斯ノ道ハ實ニ我カ皇祖皇宗ノ遺訓ニシテ子孫臣民ノ倶ニ遵守スヘキ所之ヲ古今ニ通シテ謬ラス之ヲ中外ニ施シテ悖ラス朕爾臣民ト倶ニ拳々服膺シテ咸其徳ヲ一ニセンコトヲ庶幾フ。（現代語訳を章末に示した）[2]

ここでわかるように、教育勅語は三段に分かたれている。

第一は「朕思フニ」から「教育ノ淵源亦実ニ此ニ存ス」までである。ここでは教育の出処というものが忠孝を根幹の理念として悠久の伝統にあることがうたわれている。

第二は「爾臣民」から「遺風ヲ顕彰スルニ足ラン」までである。ここでは「臣民」（「国民」という用語でないことに注意する）の踏み守るべき道が具体的に示されているのであるが、それは父母に対しては孝を尽くすこと、兄弟仲良くいたわり合うこと、友だち同士は信を裏切らないこと、夫婦はまた互いに譲り合うことといった日常道徳を根幹に、自己の人格を磨き、世のなかの発展に貢献すること、そして、国憲を守り尊重することはもとよりであるが、国家にもし一大事が発生したら命をかけて貢献すること等のところまで論が押し進められている。勅語の構成のなかでは最も具体的な論に溢れているところである。

第三は「斯ノ道ハ」以下、最後までであるが、ここでは「国体」の悠久なることが再び強調されている。大切なことは、天皇みずからが「臣民」とともにこの悠久の伝統の前にひれ伏している（祈っている）ということである。

この天皇の「立ち位置」について理解しておくことは大切な要点である。つまり、ここにおいて、天皇は臣民に超越するような基督教的絶対者ではないということである。悠久の伝統の前には天皇自身の絶対性も否定される。それならば、天皇の権威はどこにあるのかといえば、かつて倫理学者の和辻哲郎が『日本倫理思想史』のなかで、古代の神に祀る神と祀られる神の二つの性格があり、天皇は祀られる神ではなくて、祀るというその性格において、敬せられるべき価値を有していたのだと述べていたことを考えてもよい。このことによって、天皇は「天壌無窮の皇運」に仕える祭祀者として臣民の前に背中を向けて立っており、ともに祈っているのである。教育勅語のなかに現れている天皇の姿はこのような姿にほかならないだろう。

「勅語」という用語の意味自体が正式な法律を意味するものでない。それは天皇の私的なお言葉なのである。つまり教育勅語は法律というような上からの権威で臣民に命令したものではなくて、天皇が私的に、あえて「文学的」な表現を使うならば、「しみじみと」語りかけたということになっているのである。この私的性格こそ教育勅語の思想的・歴史的性格の秘密を語るものであるだろう。

江戸時代の国学者、賀茂真淵（一六九七―一七六九）の歌に、

たふときやすべらみことは神ながら神をまつらす今日のにひなべ

とあるが、天皇の性格をよく表現しえている。

この勅語の思想的性格についてもう少しこだわっておこう。教育勅語の作成については、明治天皇の侍講でもあった元田永孚（一八一八―九一）が関わっていたが、「幼学綱要」の作成にも関わっており、儒教的理念を重視して明治の教育政策を進めた人物であった。そういうこともあり、教育勅語の権力的性格とそれが及ぼした弊害について厳しく弾劾する声は多い。それは否定できないが、しかし、この勅語の文章自体のうちに沈潜して味わってみると、その底から響いてくるのは意外にも、権力的な声であるよりも、先に述べたような、臣民とともに、臣民の前でひれ伏して祈る天皇の無私的性格なのである。

マキャベリズム的な権力主義の匂いが巧みに稀薄化されているとみえるのであるが、しかし、その無私性において、天皇はいよいよ不思議な権威と圧力を帯びて国民の心のなかに浸透していった。ここに教育勅語の持ちえた歴史的性格の秘密がある。

考えてみれば、不思議なことではなかろうか。憲法でも法律でもない天皇のお言葉が、歴史の実際においては、実は絶大な拘束力を発揮したのだ。私的性格を徹底することのうちに、歴史の実際には、公的な影響力を発揮した。それが教育勅語が歴史の上において持った逆説であり、逆説であるがゆえの歴史の真実なのである。

三　儒教道徳の特色

なお、忠と孝の徳目の問題に帰るが、これは忠という公的性格を持った徳目と孝という私的性格を持った徳目がセットで出されているかたちである。そうして、徳目において、この私的性格と公的性格がひとつのかたちになって接続されているところに儒教哲学やその道徳の基本があることも知っておきたい。

中国の古典に「大学」という書物があるが、[3] そこに「修身斉家治国平天下」という表現が出てくる。これは「明徳」を明らかにするためにはどのような手立てが必要なのかという問題をめぐって出てくるところであるが、一身をおさめること、一家を斉えることができること、そして、国をおさめ、天下をおさめるという道筋が相互往復のかたちで述べられているのである。

けれどもよく考えてみれば、自分ひとりの修養という個人の問題と、天下の政治をコントロールするという公的な問題とは本来別のこととして考えることもできるのであって、それは、政治というものを高度なコントロールの技術として考える近代政治の立場からすれば理解できるところであろう。

しかし、一般に、東洋道徳の立場ではそのようには考えない。王道、覇道という区別があるが、政治は人徳（王道）でおさめねばならない。逆に言えば、人徳のないものは政治を行う資格はないのである。ここには公私の関係が、その間に何の緊張関係もなく連続されてとらえられていること、言い換えれば、公私の関係が直接無媒介的に接続されていることに気がつくであろう。むしろそういうよりは、家族的共同体の観念が国家の見方にも反映されて、家族的国家観に収斂されていると見ることができるかも知れない。忠孝道徳がその典型である。

昭和一九年に松竹で製作された「陸軍」という映画があった。監督は木下恵介で、実は、この映画の根底には天皇制軍国主義に対する反抗が蔵されているのだが（出征兵士を送るラスト・シーンが秀逸）、ある一場面に次のような場面があった。学校から帰ってきた息子がランドセルを放り出して、その上を何かの拍子にまたいでゆこうとしたときに、母親（田中絹代）がそれをとがめるのである。天子様（天皇）からいただいた教科書の上をまたいでゆくとは、と。母親は涙ながらに叱責し、息子はうなだれる。映画ではあるが、当時の国民を支配した感情をよく表現しているであろう。天子様があたかも親のような感情でとらえられているのである。この感情はどうしても基督教の神に向けられる感情とは異質のものである。

そうした時代が過ぎ去って、昭和二〇年の敗戦から数えてもすでに七〇年近くの時間が過ぎ去り、日本ほど戦前から比べれば、これほど人間と社会が変わった国というのも珍しいかも知れない。けれども、現在の日本国民の私たちの多くが天皇と皇室に差し向ける感情の中身を検証してみれば、依然としてこのような共同体的な感情に満たされていると言えなくもない。それは人と世を絶した絶対者に向ける感情ではなくて、私たちの父と母に向ける親しい感情の延長線上にある感情ではないであろうか。

年賀には誰が号令をかけるでもなく、何万という国民が皇居に足を向け、天皇陛下に親しみの眼差しを向けるのである。天皇陛下が病気になれば自然に多くの人が皇居にお見舞いの記帳におとずれるのである。それが日本人の多くを支えている「自然」の感情である。その自然の感情は非常に大切なものとして否定はできない。しかし、「自然」と述べたその感情もそれほど古くから存在したものではなくて、近代の明治維新以降、天皇制国家体制のなかで培われてきたものでもあった。しかしそれが「自然」と感ぜられるほどに、私たちの社会はその感情を内面化している。そして、その同じ感情がある時代には国を悲劇の方向に導いてしまったということも念頭に置いておかねばならないと思うのである。私たちは常に私たち自身がどういう時代に立っているかということを検証しておかねばならないであろう。

近代社会というものは、戦後の日本国憲法が高らかに宣言しているように個人の尊厳を重んじる社会のことである。すなわち個人主義ということであり、戦後の教育、道徳教育においてもこのことは重視されている。しかし、いわば西欧的伝統から輸入したこの個人主義ということの本当の意味を私たちが理解しているかどうか、このことは考えねばならない。それにはまず個人が徹底的に自己責任を全うするということが前提にあるが、ややもすれば集団に埋没して責任の所在をあいまいにしたり、責任の所在から逃げようとする日本人の傾向をみると、きわめてこころもとないものがある。個の貫徹を確かなものにするためにも、自己の所属する集団と健全な緊張関係を維持することが必要なのだが、このことも私たちはどちらかといえば苦手なのである。仲間うちの懇談や妥協は得意だが、仲間の枠を越えたところで健全な議論を戦わせたり、対抗したりするのは苦手である。しかし、仲間うちだけの団結では到底、これからの国際社会に対応してゆける人格を養成することはできない。

「終身雇用」、「年功序列」は一時期の日本社会の不磨の大典であった。しかしこの原則が崩れつつあり日本社会が変わりつつある時代に私たちは立っている。

四　勅語下の教育

さて、私たちは先の教育勅語に戻るのであるが、こうして、教育勅語は学校教育の現場にあらゆる機会を通して登場することになった。修身の時間における一斉奉読、祝祭日における奉読、校長訓話、その暗誦、暗写である。校長の立場では、もし間違って読んでしまうということになると、辞職ものの叱責が待っていた。勅語の奉書は普段は学校の奥深く、特別にしつらえられた書庫におさめられており、行事のたびごとに恭しく出されるという「演出」もほどこされたのである。

国定教科書は明治三七年から登場したが、昭和二〇年の敗戦までの四一年間に五回の改訂を重ねている。勅語はその第二期から登場した。すなわち、この時期から尋常小学校五年生用と六年生用の修身の教科書に掲載された。第三期においては、四年生用から六年生用に拡大された。なお第二期から第四期までは各教科書の巻末に掲載されたのであるが、第五期になるとこれが巻頭に載るようになった。第五期は昭和一六年から昭和二〇年までの時期である。昭和の未曾有の戦争のなかで教育勅語の取り扱いが明らかに変わってゆくのであった。

勅語下の教育の実態については、体験者のなまの声（証言）を引く方が理解が早いと思うので、以下、いくつかを紹介しておきたい。まず、『日本の教育―教育裁判をめぐる証言―』（岩波新書）のなかから三つの「声」を引いておく。

第三に教育勅語式の教え方とは、くりかえしと暗記を強要して骨身にしみるまでやるのです。裁判長や私をはじめ、ここにおられるみなが今も暗記しているほどに徹底しているのです。これと、それからビンタで押し付けた軍人勅諭の教え、このふたつが、最低の義務教育を終った、そして兵役についた人間の最大公約数の思想ということになります。（田中惣五郎）

しかし国家至上主義、天皇至上主義の教育は、明治二七、二八年の戦争に突入しますと、いよいよ軍国的となり、わたしども小学校時分にうたわされた歌は、もうほんとうに軍歌ばかりでした。……また行動も軍隊式になって、女の子であるわたしたちなど、日本にはじめてできた赤十字のまねをして、明治三〇年ごろ、よく看護婦ごっこをしました。看護婦ごっこをするには戦争のまねをしなければならないので、わたしなどはその戦闘をする隊長になりました。山から竹を切ってきて、少しずつ金を出し合って白木綿を買ってきて、担架をこしらえました。わたしたちがはじめると、それが全校に広がって、校長も非常にいい遊びだとほめてくれました。……教師になったのは明治三八年で、日露戦争のあとでしたので、お若い裁判官のあなた様は経験がおありでないと思いますけれども、「ここはお国を何百里……」の「戦友」という長歌を教えました。戦争がすんで帰ってくる人をむかえるときは、授業を休んで、「凱旋の歌」の「めでたくお帰りなされしか、お国のために長々と、ごくろうさまでありました」というのを歌わせました。（河崎なつ）

昭和八年二月四日、長野県でいわゆる赤化教員といわれるものの大検挙がありました。戦前の非合法化されていた教員組合運動と、それからマルクス主義の立場に立つとされた新興教育運動に関係した教師たちの大検挙です。この検挙事件を契機として、文部省の方では、日本精神に基づく教育の振興、思想取締りの徹底を決定し、……各県の学務課長、視学、主な校長などを中央に呼んで、思想善導、または思想調査の講習会を開きました。……その覚えてきたひとつに「西瓜戦術」というのがあります。それは表面は青いが中は赤いという意味で、次のような教師は特に思想傾向に注意せよというのです。第一に子どもの教育に熱心で、子どもと本気になってとっくんでいるような教師、第二には父兄から支持され、家庭訪問などしきりにやる熱心な教師、第三には同僚とのつきあいがよく、お互いの研究交流など骨折っている教師、第四に若い女の先生などに親切な教師、わたしなどこの四つにみなあてはまりましたので、厳しい監視を受けました。こんなわけで子どものためにしっかり仕事をし、自分も勉強するといったことが、ある意味ではバカらしくもなる始末でした。（国分一太郎）

以上三つの「証言」を紹介したが、これらは昭和三一年、任命教育委員会の制定とともに行われた勤務評定をめぐる裁判の「証言」を引いていることによる。

むろん、教育はいつの時代でも、基本には、教師と生徒の日常のつながりなくしては成り立たないものであるから、あたかも軍隊の内部統制のようなものばかりであったはずはないが、これらの証言のうちにも、時代の教育というものが強いられた風景の一端は思い描けるであろう。

ついでに歴史教育の場合をあげておきたいが、「尋常小学国史」という歴史教科書の巻頭には、歴代天皇の代数と在位年間とが掲げられていた。そうして天皇の代ごとに章が改まるというかたちで教科書の内容が展開された。いわゆる神代の話もまた歴史の事実として教えられたのであった。先にあげた歴史学者の家永三郎は前章「学習を深めるための参考文献」の③であげた『一歴史学者の歩み』（岩波現代文庫）という本のなかで次のように回顧している。

こういう構成の歴史では、客観的な事実としての石器時代の生活とか、弥生文化発生とかの史実は書く余地が当然ないのであって……今日からふりかえって、どうしてこのような常識で考えてもあり得べからざる神話を、何の疑いもなく受け入れたのか、そのころの心理状態は自分ながらよくわからないが、少なくとも私の周辺に、こういう事実に対して疑問を持つ友だちはいなかったようである。唐沢教授の書物をみると、昭和一〇年代に茨城県の国民学校の生徒が、天孫降臨の掛図を見せられて、「先生、そんなのうそだっぺ」と言って、先生から「貴様は足利尊氏か、けしからんやつだ」と言って、木刀で強打されたという話が書いてあるが、私たちはどういうわけか、そのような疑問さえ抱いたことがなかったようである。

現在の私たちは、教育という営みはあくまで「事実」をまず知らしめることは外せないという意識の上に成り立っていることを知っているが、戦争の状況が深刻化してゆくにつれて、教育の実態は「事実」を教えるよりも、戦争を遂行してゆくための国民の意識改革を進めてゆくところに絶対的な力が注がれたから、その姿勢は硬直化せざるをえなかったのである。ときの文部省発行による昭和一二年の『國體の本義』、昭和一六年の『臣民の道』は皇国主義的教育理念がその頂点に達したものということもできるが、それは次の表現において確認することができるだろう。

天皇は、常に皇祖皇宗を祀り給ひ、万民に率先して祖孫一体の實を示し、敬神崇祖の範を垂れたまふのである。又我等臣民は、皇祖皇宗に仕へ奉った臣民の子孫として、その祖先を崇敬し、その忠誠の志を継ぎ、これを現代に生かし、後代に傳へる。かくて敬神崇祖と忠の道とはその本を一にし、本来相離れぬ道である。（國體の本義）

このような皇国主義的情念は戦後の過程のなかで否定され、教育勅語そのものも国会決議によって失効を確認されたことは従前述べた通りであるが、歴史というものは、ときおりそのような昔のものを呼び起こすことがある。特に、転換期のような時代、あるいは、社会が目標を失ったような時代には、為政者は復古にひとつのきっかけを見出そうとする傾向がある。文化を形成する人間の営みの問題は、かたちのないものを苦労して前につくり上げてゆくよりも、かつてつくられたものを回顧するというところにあるかも知れない。それの方が容易でもあり、安心できるからである。そういう思念からは、過去はどうしても否定的によりは肯定的に思い出され、美化されるのである。

昭和二四年、文教審議会の席上で、ときの首相、吉田茂（一八七八―一九六七）は「昔の日本軍隊が強かったのは、教育勅語があって、精神に筋金がはいっていたからだ。教育勅語にかわる教育宣言のようなものをつくってはどうか」と発言した。また、昭和二八年、カント研究の哲学者としても有名なときの文部大臣天野貞祐（一八八四―一九八〇）は「国民実践要領」を個人案として発表し、そのなかで、天皇への親愛を通じて国を愛することの必要性を力説した。ときの政治家がこのような発言をするのは珍しくないが、私たちはこのような復古的発言が歴史を超越して唐突に発言されるときには、やはり注意を怠ってはなるまい。

■本章の要点と課題

①明治政府の政策的目的は「ひとつの国民」の意識を中核とした中央集権的な国家をつくるところにあり、軍隊や税制の統一とともに、教育の一元化は重要な課題であった。

②教育勅語は天皇の「私的なお言葉」であり、法律的な意味を持たないのであるが、むしろそのことによって、国民の間に絶大な力を持つに至った。

③儒教思想の根本は公的なものと私的なものとを一元的にとらえるところにあり、忠孝道徳はその典型である。

④国定教科書は教育勅語とあわせて、戦時下の教育において大きな役割を果たした。

■注

1　幕藩体制については吉川弘文館の『国史大辞典』第一一巻の「幕藩体制」の項の説明も参考になるので勉強しておきたい。

2　「教育勅語」の現代語訳

私が思うに、私たちの祖先が国を始めたのははるかな昔であるが、その徳を立てるにはまことに深い心があった。あなたがた国民が忠と孝を尽くして心をひとつにして代々その成果をあらわすのはまさにこの国のすばらしいところであって、教育の根本もそこにあると言える。あなたがた国民は父母には孝を尽くし、兄弟は仲良くし、夫婦は互いに心を通わせ、友だちは互いに信じあい、真率な態度をもって愛情を大衆に及ぼし、学問や仕事をしっかりと行い、知能を高め、人間性を完成し、みずから世の中の開発に貢献し、国憲を重んじ国法を守って、もし国家の一大事があれば義勇をもって奉仕し、この永遠の国家の伝統に奉仕することだ。それはあなたがたが素晴らしい国民であるということを示すばかりのことでなく、私たち祖先の素晴らしさをほめたたえることでもありましょう。この国家の伝統は私たちの祖先の遺訓であり、私たちがともに守っていくべき道であって、昔も今もかわりなく誤りないものであり、世界に誇るものでもある。私はあなたがた国民とともにこのことをよくかみしめて徳をひとつにしたいと思っている。

3　「大学」「中庸」「論語」「孟子」を四書として儒教の基本経典としたのは南宋の朱子（一一三〇—一二〇〇）である。「四書集註《ししょしっちゅう》」がある。

■ **学習を深めるための参考文献**

① 藤野保編『論集幕藩体制史』全一一巻（雄山閣出版）、尾藤正英『江戸時代とはなにか』（岩波書店）、角川書店編『日本史探訪一三　幕藩体制の軌跡』等が参考になる。唐沢富太郎『増補日本教育史』『近代日本教育史』（誠文堂新光社）も参照。

② 第二章でも紹介した亀井勝一郎の論文「擬似宗教国家」が参考になる。

③ 加地伸行『儒教とは何か』（中公新書）は儒教思想の文化的背景を的確に説明している。

第五章　学習指導要領「道徳」の構造と解説

一　現行学習指導要領「道徳」の内容・全体の性格

現行の学習指導要領は平成二〇年三月の改訂を踏まえているものであるが、平成二一年度から移行措置の期間に入り、小学校は平成二三年度、中学校は平成二四年度から全面的に実施されたものである。その骨格として、教育基本法改正等で明確になった教育の理念を「生きる力」としてより具現化すること、また、道徳教育や体育の充実によって心と体のバランスをより一層図ることなどが強調されている。

本章では、この学習指導要領の構造を小学校及び中学校の「道徳」の内容を中心に検討することによって理解することを目指す。各教科の授業時間数の配分については、第一章注の6にあげたものを改めて見てほしい。なお、今度の改訂は、昭和三三年の学習指導要領において、道徳が教育課程に位置づけられて以来五回目の改訂にあたるものである。

小学校の場合について考えたいのであるが、小学校六年間は子どもにとって著しい成長の六年間である。心も体も、一年生と六年生では相当な違いがあることは自明であろう。通常、一、二年を低学年、三、四年を中学年、五、六年を高学年として便宜的に分類しているのも十分に意味のあることなのであるが、道徳の指導要領もこの学年分類に従って三区分されている。しかし、それぞれのグループでの内容区分は同一である。それは、「主として自分自身に関すること」「主として他の人とのかかわりに関すること」「主として自然や崇高なものとのかかわりに関すること」「主として集団や社会とのかかわりに関すること」の四区分である。この構造区分は中学校の場合にも変わっていない。つまり、現行の道徳指導要領は小・中学校を通じて、この四つの範疇において、道徳の展開がとらえられているということである。

この四つの範疇から私たちは次のような構造的理解をすることが可能である。すなわち、この四つの範疇は、ひとつは、自分自身の個人的問題に関わることから、順次に、対他的関係、集団的関係へと拡大しているということである。

ところで、そのことを別の側面から見ると、日常的しつけの段階から抽象的・精神的段階の問題へと拡大していくというように見ることもできる。つまり、指導要領においては、個人的・日常的次元の問題から集団的・抽象的次元までの広がりのなかで「道徳性」ということの内容が理解されているのである。

ただここで注意すべきなのは、この広がりが、前段階が初歩的・準備的なものであり、後段階が目指すべき目的的段階のものというように考えられてはならないということである。指導要領の構造はそういうことではない。指導要領の項目のひとつひとつは、こちらが次元が低くてあちらが次元が高いというような性格のものでなく、ひとつひとつが自立しているものであり、自立しているということを前提として互いに支え合っていると考えるべきものである。「指導計画の作成と内容の取扱い」のなかで、「学校における全教育活動との関連」を踏まえながら「児童、学校及び地域の実態を考慮して、学校の道徳教育の重点目標を設定すること」とされている背景にはそのような考えがある。

また、それゆえに指導項目の学年指定は包括的である。小学校の場合、各学年段階ごとの内容項目については、児童や学校の実態ということが重視されており、それに沿った重点的指導や内容項目の密接な関連性を考慮することへの注意が喚起されているし、中学校の場合にも、同様、生徒や学年の実態をよく観察すること、その上に立って、「三学年を見通した重点的な指導や内容項目間の関連」に注意すべきことが述べられている。

つまり、指導要領の項目の採択にあたっては、機械的、順次的に取り上げるのでなく、今、児童・生徒や学校がどんな問題に直面しているか、何が大切な問題であるかということを十分見極めることが大切なのである。その上で、その問題を考えるに最も適した項目を採択するという臨機応変性が何より求められるのである。要するに、指導要領の各項目は他の教科とは異なって厳密な学年指定は設けられていないのである。

さて、以下、それら項目の具体的な内容に触れながら要点を探っていく。まず中学校の内容をあげ、それと小学校の内容を比較しつつ観察を及ぼしてゆくものとする。

二 「主として自分自身に関すること」の範疇について

ここでは中学校では五つの項目が、小学校では二学年ずつ分かたれてあげられている。それは以下の通りである。

中学校

（1）望ましい生活習慣を身に付け、心身の健康の増進を図り、節度を守り節制に心掛け調和のある生活をする。
（2）より高い目標を目指し、希望と勇気をもって着実にやり抜く強い意志をもつ。
（3）自律の精神を重んじ、自主的に考え、誠実に実行してその結果に責任をもつ。
（4）真理を愛し、真実を求め、理想の実現を目指して自己の人生を切り拓いていく。
（5）自己を見つめ、自己の向上を図るとともに、個性を伸ばして充実した生き方を追求する。

小学校

〈第一学年及び第二学年〉

（1）健康や安全に気を付け、物や金銭を大切にし、身の回りを整え、わがままをしないで、規則正しい生活をする。

（2）自分がやらなければならない勉強や仕事は、しっかりと行う。

（3）よいことと悪いことの区別をし、よいと思うことを進んで行う。

（4）うそをついたりごまかしをしたりしないで、素直に伸び伸びと生活する。

〈第三学年及び第四学年〉

（1）自分でできることは自分でやり、よく考えて行動し、節度のある生活をする。

（2）自分でやろうと決めたことは、粘り強くやり遂げる。

（3）正しいと判断したことは、勇気をもって行う。

（4）過ちは素直に改め、正直に明るい心で元気よく生活する。

（5）自分の特徴に気付き、よい所を伸ばす。

〈第五学年及び第六学年〉

（1）生活習慣の大切さを知り、自分の生活を見直し、節度を守り節制に心掛ける。

（2）より高い目標を立て、希望と勇気をもってくじけないで努力する。

（3）自由を大切にし、自律的で責任のある行動をする。
（4）誠実に、明るい心で楽しく生活する。
（5）真理を大切にし、進んで新しいものを求め、工夫して生活をよりよくする。
（6）自分の特徴を知って、悪い所を改めよい所を積極的に伸ばす。

解説

以上、「主として自分自身に関すること」の中学校、小学校の記述をあわせて提示したのであるが、ここに流れている共通の姿勢あるいは目標といったものはどのようなことであろうか。それは「生活習慣」の自律性を身につけることによって、責任ある前向きの生活能力を陶冶することであると言える。つまり、道徳性の根底にあるべき自律的な生活のコントロール能力を要請していることである。

人間の心と体が密接な関係を持っていることは言うまでもなく、体が不健康で自律の能力のないところでは心もまた健康な状態が保たれないことは言うまでもない。ことに小学校に入学したての低学年においては、それまでの生活からはるかに異なった環境の激変に曝されがちで、ややもすれば身体の調子を崩すことも多いのである。

また、小学校高学年から中学校の時期は、思春期というきわめて変化と不安の多い時期に置かれるわけである。こういう時期に体のリズムが健全に保たれていないということが心にもたらす影響には計り知れないものがあると言える。

むろん、心と体は相関関係にあり、この関係は従って相互的なものであるにしても、小学校から中学校に至る時期の、体が心にもたらす人格形成への影響は、他の人生の時期に比べてもはるかに大きなものであることを私たちは知らねばならない。道徳性は心の問題が第一義であるが、ここでは、道徳性にもたらす身体性の重要性を訴えているのである。[1]

それゆえ、教師の立場にあるものは、児童・生徒一人ひとりの身体的な様子に常に注意を払う必要があるだろう。服装が乱れていないか。体が汚れていないか。心身の疲れの窺える点はないか。級友とのつきあいの様子はどうか。そういう様相のささいな点に子どもの隠れた問題が窺える場合があるのである。例えば、服装の乱れや体の清潔の不保持が虐待や非行の兆候となっている場合がある。繰り返すが、人生のあらゆる段階において体の健康は大切であるが、この時期ほどこのことが大切な要点であることは他の段階にはない。約めて言えば、人間形成、道徳性の形成の根底に身体性の問題が基礎として存在するのである。「食育」という用語が最近広く使われ認識されているのも、現代社会の子どもの食生活が極度に乱れ、そのことが子どもの心身に与える影響の甚大さを思ってのことであろう。

ファーストフードに代表されるような食べやすさ、手っ取り早さだけが追求される現代の食生活のスタイルがある。食事は本来、人間にとって共同の営みであるが、それが今では「個食」という言葉すらあるように、ただひとりでの食事は子どもの世界でも当たり前となりつつある。家族団らんという場面は生活のなかから去りつつある。食事の習慣がそのようになれば、それは食べることを共有する心の交わりではなくして、ただ「餌」を掻きこむだけの動物的営みと化するわけである。

子どもの心のなかに寒々とした風が吹く。栄養学的に見ても現代の子どもの食傾向が自律神経、ホルモンのアンバランスを誘因し、「キレやすい」子どもをつくっていると言われるが、こうした偏向的な食生活は当然、生活の不摂生を誘うものであろう。私たちがこれらの項目から考えねばならない問題はここまで広がっているのである。学校給食の持つ重要さもここに生まれることになる。

三 「主として他の人とのかかわりに関すること」の範疇について

ここでは、中学校においては六つの項目が、小学校においては、やはり二学年ずつ分かたれて示されている。

中学校

（1）礼儀の意義を理解し、時と場に応じた適切な言動をとる。
（2）温かい人間愛の精神を深め、他の人々に対し思いやりの心をもつ。
（3）友情の尊さを理解して心から信頼できる友達をもち、互いに励まし合い、高め合う。

（4）男女は、互いに異性についての正しい理解を深め、相手の人格を尊重する。
（5）それぞれの個性や立場を尊重し、いろいろなものの見方や考え方があることを理解して、寛容の心をもち謙虚に他に学ぶ。
（6）多くの人々の善意や支えにより、日々の生活や現在の自分があることに感謝し、それにこたえる。

小学校

〈第一学年及び第二学年〉
（1）気持ちのよいあいさつ、言葉遣い、動作などに心掛けて、明るく接する。
（2）幼い人や高齢者など身近にいる人に温かい心で接し、親切にする。
（3）友達と仲よくし、助け合う。
（4）日ごろ世話になっている人々に感謝する。

〈第三学年及び第四学年〉
（1）礼儀の大切さを知り、だれに対しても真心をもって接する。
（2）相手のことを思いやり、進んで親切にする。
（3）友達と互いに理解し、信頼し、助け合う。
（4）生活を支えている人々や高齢者に、尊敬と感謝の気持ちをもって接する。

〈第五学年及び第六学年〉
（1）時と場をわきまえて、礼儀正しく真心をもって接する。
（2）だれに対しても思いやりの心をもち、相手の立場に立って親切にする。
（3）互いに信頼し、学び合って友情を深め、男女仲よく協力し助け合う。
（4）謙虚な心をもち、広い心で自分と異なる意見や立場を大切にする。
（5）日々の生活が人々の支え合いや助け合いで成り立っていることに感謝し、それにこたえる。

解説

人は人のなかでのみ人となるということはすでに述べた通りだが、ここでは子どもが日常関わり合う人との人間関係が大切なテーマであることが強調されている。

ひとつは異性関係の理解である。小学校から中学校へ、この思春期の時期にとって異性関係はきわめて重要な課題である。この時期に健全な異性観の根っこになるようなものを形成しておかないとのちになって大きな負担をもたらす可能性のあることは多くの事例が示しているところである。この時期における生理上の身体的変化は子どもたち自身に不安をもたらすものだが、その不安を解消するのも、男女それぞれに成長の上での特徴があり、そのことに正しい理解と思いやりを持つことによってはじめて可能となるのである。

「思いやり」というのはどのようなことであろうか。それは人間には強いものも弱いものもあり、できることとできないことがあり、その弱いもの、できないことに対して寛容の心を持つということであろう。そういう他者への寛容の心をこの時期に養っておくことの大切さをこの範疇では強調しているということになる。

ことに高齢者に対する注意が差し向けられているのは現代の傾向を反映してのことである。人口構成の高齢化は先進国の世界的傾向であるが、日本もむろん例外でないばかりか、高齢化の点では先進国のなかでも格段に高い傾向を示している国である。[2] これからの子どもは自分たちが成長し、社会を支えてゆくころには高齢者と接する機会はますます多くなるわけである。ことに医療や福祉の現場ではその傾向は厳しさを増してゆくであろう。それだけに高齢者への思いやりを、単に高齢者が肉体的に弱い立場にいるからというだけでなく、その歩んできた人生の経験そのものを尊敬する心からいたわるという心の形成が必要である。それが小学校の低学年でまずあげられているということは、観念ではなく、自然の雰囲気のなかから高齢者に対する思いやりと尊敬を持たせることの大切さが考えられてのことである。

互いの立場を理解して思いやりを持つというのは、同性の間であれ、異性の間であれ、言うは易く行うに難しいことである。そこには深刻な葛藤が生まれうる。この葛藤をどのようにより健全なものに止揚してゆくかという指導の要点が教師に問われるであろう。

四 「主として自然や崇高なものとのかかわりに関すること」の範疇について

ここでは中学校において三つの事項が、小学校においては、やはり二学年ずつに分かれて示されている。

中学校

(1) 生命の尊さを理解し、かけがえのない自他の生命を尊重する。

(2) 自然を愛護し、美しいものに感動する豊かな心をもち、人間の力を超えたものに対する畏《い》敬の念を深める。

(3) 人間には弱さや醜さを克服する強さや気高さがあることを信じて、人間として生きることに喜びを見いだすように努める。

小学校

〈第一学年及び第二学年〉

(1) 生きることを喜び、生命を大切にする心をもつ。

(2) 身近な自然に親しみ、動植物に優しい心で接する。

(3) 美しいものに触れ、すがすがしい心をもつ。

〈第三学年及び第四学年〉
（1）生命の尊さを感じ取り、生命あるものを大切にする。
（2）自然のすばらしさや不思議さに感動し、自然や動植物を大切にする。
（3）美しいものや気高いものに感動する心をもつ。
〈第五学年及び第六学年〉
（1）生命がかけがえのないものであることを知り、自他の生命を尊重する。
（2）自然の偉大さを知り、自然環境を大切にする。
（3）美しいものに感動する心や人間の力を超えたものに対する畏敬の念をもつ。

解説

小・中学校ともに三つずつの項目で構成されている。この第三の範疇は指導要領の項目全体のなかでは、最も抽象的な内容を取り扱っているだけに、ある意味でその指導に工夫と考察が要求されるところであろう。

しかし、要点ははっきりしている。まず生命の大切さを知るということ。自然の大切さを知るということ。そして、人間の力を超えたものに畏敬の思いを持つこと、その延長上に、美しいもの、気高いものに感動する心が育まれるはずであり、その感性を養うことが大切であるということ。これらの点に要点はしぼられるであろう。

いわゆるインターネット環境が急速に支配的になってゆく現代社会においては、これらの問題は特に切実さを増している。そもそもインターネット社会のもたらした影響として、少なくとも二つの点をあげなければならないと思われるのであるが、そのひとつは、人と人との直接のコミュニケーション、言い換えれば、人格と人格が具体的な交わりのなかで交流するということが希薄になっていったということである。

直接に会わずとも、人はメールによって情報の授受が可能である。昼でなければいけない、夜でなければいけないという理由は何もない。人は情報を「見えない箱」に自在に出し入れするのである。昼と夜の切り替えの必要性もなくなった。こういう状況が生み出すものは人のつきあいというものに対するいかにも軽い人間の実感であり、あるいはことさらに人との触れ合いから逃避する人間の姿勢である。わずらわしい人との触れ合いのなかで神経をすり減らすよりは、ひとりでインターネットのなかに埋没してひとりでできる「創造」の世界を楽しむ方がいかに楽なことだろう。そういう傾向に人間が陥るようになった。こういう環境のなかでは人が人のいのちの大切さというものについて実感をもって受け止めるのは難しくなるだろう。[3]

それゆえ、ここにもうひとつ言えるのは、インターネット社会のなかで発達する「仮想現実」(virtual reality)の拡大である。日常的には電車や自動車や航空機などの操縦を体験させるゲームセンターの様々な機器もそうだし、医学の勉強のための疑似解剖装置もそれである。ひところ流行した「たまごっち」に代表されるような「いのち」あるものの育てゲームもそれである。それには植物を育てるものもあったが、要するに、そこでは何度失敗してもリセットがきく。やり直しがきく。現実の世界では、「いのち」を育てることにやり直しはきかない。しかし、「仮想現実」の世界ではそれが可能なのである。しかしまたそうならば、こういう経験のなかで「いのち」の大切さを学ぶのもまた難しいということになるだろう。

便利さの持つ安易さといったらよいだろうか、現代社会をとりまく人間の環境がそのような状況に陥っていく傾向を強めているだけに、ここにあげられている項目の提言はきわめて重要な課題を示しているといってよいだろう。小学校のうちから自然に触れることの大切さは、そういういのちの実感をみずみずしい体験のうちに触れさせるということのうちにあるわけである。

きわめて大きなとらえ方になるが、そもそも近代社会の発展は人間の力によって自然を克服してくるところにあった。それは言い換えれば、存在のすべてのものを科学技術のもとに屈服させるということ、すべての存在を数値的な標準のみで価値判断をするということにも通じていた。それは人間の傲慢な態度を助長し、数値化できるものだけ、見えるものだけが価値あるものだという態度に人間を導いていった。

けれども数値化できるものだけ、見えるものだけが価値を持つものでないことは明らかだ。数値化できるものの背後にある数値化できないもの、見えるものの背後に存在するところの見えないもの、これを創造することよって、人間ははじめて謙虚になることができるのではないだろうか。

古代ギリシャの哲学者であるアリストテレス（Aristoteles　紀元前三八四―三二二）の学問の体系で、自然学の次におかれた形而上学（Metaphysik）ということの意味もそこにあることになるだろう。このように考えてくれれば、ここにおける指導項目のねらいとするところは人間の達成してきた文明に対する根源的な反問が託されているわけであって、きわめて重要なものである。祖先を大切にするという気持ち、未来に思いをはせるという想像力、単に自分の国や民族ばかりでなく、地球の果ての地、人間の生活に思いをはせるという気持ちもこの心から可能になるのであって、要するに人間の生命活動に関する想像力の大切さである。

また、中学校の項目の三番目のところで、人間の弱さや醜さという表現が出されているのも重要だと言えるだろう。第八章のカントのところでも考えてほしいのであるが、道徳性というと、いたずらに人間の善とか強い意志ばかりが強調されがちであるが、人間そのものが弱さと醜さを内蔵している存在だという自覚は、人間存在そのものの真実を知る意味においても大切である。そして、その自覚は人に対する思いやりを育てるところにもつながってゆく。

挫折を知らない人は挫折した人の心情に対する思いやりを持つことが難しい。

人間の勇気や強さばかりに関心を向ける人は、人間というものに対する思いがどうしても厳しいものになってゆくだろう。

けれども、人間は本来、弱くて、ともすれば人を裏切ったり、うらんだり、ねたんだりする存在なのだということ。しかし、そういう気持ちの経験の上に人への思いやりもはじめて萌芽を出すこともできるのだということ。私たちはそういう弱さや醜さの上に居座ってはいけないけれど、人間の複雑さということには心の目を開かなければならない。道徳教育の素材、教材がこのあたりに触れてくればほんものである。教育の正念場が問われるところといってよいのである。

五　「主として集団や社会とのかかわりに関すること」の範疇について

中学校では一〇の項目が列挙され、小学校では二学年ごとのグループでこれまで同様あげられている。指導要領全体のなかではここの部分が最も数が多い。

中学校

(1) 法やきまりの意義を理解し、遵守するとともに、自他の権利を重んじ義務を確実に果たして、社会の秩序と規律を高めるように努める。

(2) 公徳心及び社会連帯の自覚を高め、よりよい社会の実現に努める。

（3）正義を重んじ、だれに対しても公正、公平にし、差別や偏見のない社会の実現に努める。
（4）自己が属する様々な集団の意義についての理解を深め、役割と責任を自覚し集団生活の向上に努める。
（5）勤労の尊さや意義を理解し、奉仕の精神をもって、公共の福祉と社会の発展に努める。
（6）父母、祖父母に敬愛の念を深め、家族の一員としての自覚をもって充実した家庭生活を築く。
（7）学級や学校の一員としての自覚をもち、教師や学校の人々に敬愛の念を深め、協力してよりよい校風を樹立する。
（8）地域社会の一員としての自覚をもって郷土を愛し、社会に尽くした先人や高齢者に尊敬と感謝の念を深め、郷土の発展に努める。
（9）日本人としての自覚をもって国を愛し、国家の発展に努めるとともに、優れた伝統の継承と新しい文化の創造に貢献する。
（10）世界の中の日本人としての自覚をもち、国際的視野に立って、世界の平和と人類の幸福に貢献する。

小学校

〈第一学年及び第二学年〉
（1）約束やきまりを守り、みんなが使う物を大切にする。

（2）働くことのよさを感じて、みんなのために働く。
（3）父母、祖父母を敬愛し、進んで家の手伝いなどをして、家族の役に立つ喜びを知る。
（4）先生を敬愛し、学校の人々に親しんで、学級や学校の生活を楽しくする。
（5）郷土の文化や生活に親しみ、愛着をもつ。

〈第三学年及び第四学年〉

（1）約束や社会のきまりを守り、公徳心をもつ。
（2）働くことの大切さを知り、進んでみんなのために働く。
（3）父母、祖父母を敬愛し、家族みんなで協力し合って楽しい家庭をつくる。
（4）先生や学校の人々を敬愛し、みんなで協力し合って楽しい学級をつくる。
（5）郷土の伝統と文化を大切にし、郷土を愛する心をもつ。
（6）我が国の伝統と文化に親しみ、国を愛する心をもつとともに、外国の人々や文化に関心をもつ。

〈第五学年及び第六学年〉

（1）公徳心をもって法やきまりを守り、自他の権利を大切にし進んで義務を果たす。
（2）だれに対しても差別をすることや偏見をもつことなく公正、公平にし、正義の実現に努める。
（3）身近な集団に進んで参加し、自分の役割を自覚し、協力して主体的に責任を果たす。
（4）働くことの意義を理解し、社会に奉仕する喜びを知って公共のために役に立つことをする。

（5）父母、祖父母を敬愛し、家族の幸せを求めて、進んで役に立つことをする。
（6）先生や学校の人々への敬愛を深め、みんなで協力し合いよりよい校風をつくる。
（7）郷土や我が国の伝統と文化を大切にし、先人の努力を知り、郷土や国を愛する心をもつ。
（8）外国の人々や文化を大切にする心をもち、日本人としての自覚をもって世界の人々と親善に努める。

解説

学校教育というものが家庭教育と異なって組織的なものであり、それは学校教育が国と民族という共同体の求めるところを根底としていることによっていることはすでに述べた。それはどのようなことかというと、まず、国と民族の形成する文化、伝統の継承というのは学校教育の大切な目的であるということである。この範疇で、小・中学校を通じてそのことが繰り返し言われているのも、学校教育の持つそのような重要な目的を意識してのことである。

しかし、当然であるが、国や民族を愛する心というものは戦前のように独善的なものであってはならない。それがいかに国と民族を不幸なものにしたかということについて私たちは歴史的な経験をしている。

また現今の世界においても、依然として独裁の悲劇が多くの国民を苦しめている不条理な現実があることも私たちは知っている。

世界と融和し世界に飛躍するようなものでなくてはならない新しい道徳教育においてそのような人類的な心の飛躍が求められているのは当然で、道徳性の持つべき最も外延的な心の相と言えるであろう。指導要領の解説にも（中学校）、「国を愛することは偏狭で排他的な自国賛美ではなく、国際社会の一員としての自覚と責任をもって、国際社会に寄与しようとすることにつながっている」と述べられているのはその意味である。

この範疇において、集団という概念は家族、学級といった身近なものから国家、人類へと段階的に説かれている雰囲気もある。しかし、これらは低次から高次への段階と考えられるべきでなく、ひとつひとつが同等に大切なものとして考えられているのである。家庭や学校、学級で育まれた心があって、はじめて国という郷土、人類という広い野に出てゆくこともできるのである。そのこともすでに述べたところである。

公徳心という用語が重視されていることも注意すべきであろう。公徳を「社会生活のなかで守るべき道徳」（広辞苑）と理解しておくならば、公徳心というのは、常に自分が社会の一員であることを自覚して、他人の生活と自由を侵害しないよう、気持ちのよい共同体社会を実現できるよう、積極的に働きかけてゆこうとする志を言うことになるだろう。

駅や道端で唾を吐いたりしないのも公徳心の現れである。ものを道路にやたらに捨てないのも公徳心の現れである。乗り物のなかで体の弱い人や不自由な人に席を譲るのも公徳心の現れである。そして、公徳心は強制的なものではなく、自分の内面のなかからおのずから現れ出るもの、つまり内発的なものでなくてはならない。つまり道徳性という心の動きそのものが内発的なものでなければならないことをそれは語っているのである。[4]

権利と義務の関係もここでは大切な主題となっている。日本国憲法は戦後民主主義の主役となったが、戦後の風潮のなかで、ややもすれば、権利の側面ばかりが強調されて、ともすれば、義務の側面が無視される傾向がなかったとは言えない。しかし、権利と義務は車の両輪のようなもので相補的なものである。どちらが突出しても健全な人格は形成されないし、社会にもいい影響は与えまい。指導要領はこのことにも注意を促している。

もう一度強調しておかねばならないが、道徳性は内発的な心の発展である。強制によってなされるものであってはならない。そういう心の啓発が道徳教育のなかで果たされねばならないのである。

■ 本章の要点と課題

① 現行学習指導要領における「道徳」は、中学校では全部で二四項目、小学校では、一、二学年、三、四学年、五、六学年に分かたれていて、それぞれ一六、一八、二二項目が配列されている。

② 内容は、小・中学校ともに、〈主として自分自身に関すること〉〈主として他の人との関わりに関すること〉〈主として自然や崇高なものとの関わりに関すること〉〈主として集団や社会との関わりに関すること〉の四つの範疇に分かたれている。

③　学習指導要領の項目は学ぶべき内容を学年別に固定したものではなく、学校、地域、クラスの状況を観察しながら弾力的に適用することを促している。

■注

1　現代人の夜型生活はその様々なストレスとも相乗して睡眠障害を引き起こすが、これを「フクロウ症候群」と呼んでいる。その背景に、本来、脳に眠るべき時間を教える神経ホルモンの「メラトニン」が朝方に活発化してしまったり、あるいは、摂食障害など様々な生活的背景が原因として指摘されている。このように、現代の過剰な生活的要因は子どもの健康に深刻な影響を及ぼしている。

2　日本において六五歳以上の人口が総人口に占める割合（高齢化率）は、一九五五（昭和三〇）年ころまでは五％前後で推移していたが、一九八五（昭和六〇）年には一〇％を越えて上昇を続け、二〇〇五（平成一七）年には二〇・一％となった（長谷川浩編『人間関係論』〔医学書院〕一八七頁）。

3　小此木啓吾『モラトリアム人間の時代』（中公文庫）の論も参考となる。

4　公徳、私徳という語は明治に福沢諭吉が積極的に論じ始めたが、その福沢が『学問のすすめ』『文明論之概略』等で論じているところも参照してほしい。福沢については第六章参照。

■**学習を深めるための参考文献**

第一章参考文献ですでにあげた学習指導要領は道徳教育に関わるものが手元に置くべき資料である。また、その「解説編」では、それぞれの項目について、丁寧な解説が付されているので参考としてほしい。

第六章　教師論――教師とはどのような存在か――

一　教師の営みと芸術の営み

教師とはどのような存在か。これはきわめて哲学的な問いになるかも知れない。しかし、とりあえず、教師の職業的性格について確認しておくならば、それは多くある対人的職業の一分野である。人と関わる職業である。それだけにきわめて豊かなコミュニケーション能力が要求される職業である。この場合のコミュニケーション能力というのは、単に自己の意見や考えを一方的に相手に伝達しうるような能力だけを言うのではなくして（それももちろん重要であるが）、何より相手の立場に立つことができて、相手の心に寄り添うことのできる能力を言う。このことに関連して斎藤喜博の発言が留意されるであろう。斎藤には『授業入門』という名著があり、章末の参考文献にもあげておいた。

斎藤は教師という仕事が無力で、はかないもので、いつでも悔いの連続で、そのような厳しさと切なさの上にしか教師という仕事が成り立たないものであるというのである。生涯、教師一筋に生きてきた斎藤の言葉であるがゆえに、私たちはこの言葉を軽々に受け取ってはなるまい。それはどのようなことなのであろうか。

斎藤は教師という仕事を芸術にたとえる。教師という仕事は芸術に通じるのである。芸術とは何か。それはひとつの創造活動である。芸術における創造というのは、芸術家が素材を手立てとして、そこに自分のイデアなり思いというものを形象化する作業である。斎藤が言っていることではないが、次のような話に置き換えることができると思う。

例えば、かつてミケランジェロが野を放浪していて、一塊の大理石に遭遇した。彼にはそのなんとない大理石の塊のなかに女神が封じ込められているように思われた。彼は鑿《のみ》を手にしてその大理石に立ち向かう。女神の完成されたイデアは彼の頭のなかにある。彼が振るう鑿のひとふるいひとふるいはその大理石のなかから理想の女神を掘り出す（救い出す）作業なのである。

教師という仕事もこの試みに通じる。彼には子どもをこのように育てたい、このような魂を注入したいという思いがある。それはイデアのようなものが彼の頭のなかにあって、そのイデアの具現を子どもの成長に見ようとすることなのだが、それはひとつの創造的作業にほかならないのである。むろん、それは彼の型に子どもをはめこむことではさらさらない。子どもを育てるということは子どもの本来持っている生命力に期待し、その生命力の開花に彼が手を貸すということなのであるが、彼自身のイデアの生命力が子どもの生命力と共鳴することなのである。

教師が芸術家と通じるというのは、このように対象に働きかけるその行為においてともに創造的であるということなのである。

しかし斎藤は言う。芸術家は自己が征服したその高みからさらに高い高地を目指すことができるが、教師はまたとぼとぼと麓に降りてこなければならない。そこからまた新たに子どもと関わっていかなければならない。これは忍耐のいるところである。しかも、育てあげた子どもは自分から離れ、飛び立ってゆく。自分の存在は忘れられてしまうかも知れない。この孤独に耐えることなくして、教師の仕事を遂行することはできないと言うのである。

それならば、教師としての資性にどんなことが求められるであろうか。ここでは何より内面の問題として考えてみよう。

まず何より子どもが「好き」なこと。

子どもの現在はもとよりのこと、まだかたちにならない未来の子どもの姿をイメージできること。つまり言い換えれば、常に夢というものを描ける基本的に「ロマンティスト」であること。

人の成功や名誉や富などの外形的なものをうらやんでひがんだりねたんだりすることのない性向を持つこと。

つまり一言で言えば「無私」の精神の持ち主であることである。それは宗教的な無私の精神にすら通じる利他的精神である。

これを逆に言えば、人の成功や名誉や富をねたんだりうらやんだりする人は教師として向いていないということになろうか。常に自分を他人と競争するなかでのみにしか自分を位置づけることのできない人は、到底、子どもの成長に関わることはできないだろうから。

斎藤が教師としての虚しさ（孤独）に耐えることのできる人と言ったのは、もちろん教師としての絶望を言ったのではなくして、教師が本来持つべきこの「無私性」について述べたことであろうと思われるのである。

そうしてみれば、もう言わずもがなのことになるのだが、私たちが教師においてまず思い描く「ものを知っている」というような、知識人としての姿というものは、ほとんどその入り口に過ぎないということが言えるかも知れない。

知識は当然のことではあるが、知識の豊かさだけが教師のありようを規定するのではなくて、教師にとって大切なのは人間的想像力の豊かさである。自分の前にいる子ども、その現実の子どもがたどってきた過去の航跡、これからたどってゆくであろう未来の航跡にどのくらいの想像力を羽ばたかせることができるであろうかということである。

それは「同行同苦」（mitleiden）の精神といってよいだろうか。ともに行じともに苦しむ、そういう心の動きにほかならない。

さて以下、教師としての人格の素晴らしさを伝えていると思われる数名の人物を取り上げよう。ここで言う「教師」というのは、いずれも学校教育の教師を言うのではなく、人生の教師を言うのである。そして、私たちがやがて教壇に立って学校の教師としての仕事を遂行するとき、貴重な人生の知恵を与えてくれるような人物のことである。

むろん、世界を広く見れば、人類の歴史にはそのような人が多く現れてきた。しかし、ここでは日本の近世から数人の人物をあげたいと思う。現代の学校教育はいわゆる人物教育[1]ということを、戦前の反動もあって軽視してきたきらいがあり、今そのことが見直されつつあるのだが、教師という職業は自己が理想とする人物、「人間の典型」として尊敬できる人物を持っていなければならないと思う。ここで史上の人物に言及するのも、そのような内省のきっかけにしたいがためである。

二　教師の典型として―歴史上の人物に学ぶ―

(一)　新井白石（一六五七―一七二五）

最初にあげたいのは江戸時代の儒学者であった新井白石である。彼は六代将軍徳川家宣、七代将軍徳川家継の時代に、側用人の間部《まなべ》詮房《あきふさ》とともに政治の中枢に携わった。私たちは彼から「教師としての人格」の形成に必要な何を学びうるのだろうか。

彼は何よりも学者であり、学問をする人であった。その立場は朱子学によるが、その領域はおよそ三つの領域に集中されていた（『新井白石』日本思想大系〔岩波書店〕加藤周一の解説）。ひとつは日本語学の業績で、話される言葉と表記された言葉（ことに漢字表記）との違いを区別しながら、時代、地方、社会的条件による言葉の違いを明らかにした。国語学者としての側面である。

次に歴史学上の業績がある。『古史通』『読史余論』などに代表されるが、歴史資料を批判的に検討しながら、歴史を内在的な発展においてとらえ、武士権力成立の必然性を明らかにしたのである。

さらに彼は広く世界の人文地理に関心を及ぼしその業績を残しているが、鎖国の禁を冒して来航したイタリア人宣教師シドッティ（Giovanni Battista Sidotti 一六六八―一七一四）の尋問の記録として有名な『西洋紀聞』には、西洋文化やその思想に対する旺盛な好奇心と、またそれに媚びることのない的確な批判精神を示している。我が国が近世に生んだ稀な大学者であると言えるであろう。

白石は本来が学者で、また家柄がそれほど高かったわけではない。それにもかかわらず、彼が将軍の側近として政治に関わることができたのは、ひとえに間部詮房の強力な推挙による。彼は白石の稀な才能を認めていたのである。そして、白石がそれにこたえたというのは、白石自身のうちにこれを受け入れる素地があったことを意味しているのであるが、その素地というのは、学問を現実と切り離さなかったことである。もう少し、わかりやすく言ってみるならば、頭のなかで考えること、思うことを現実の問題から切り離さなかったということである。元来、体のそれほど強くなかった人で、彼の政治顧問としての仕事は彼の健康の状態を秤にかけながらの苦闘であったが、彼はその現実から逃げなかった。勘定奉行荻原重秀との通貨改革をめぐる深刻な葛藤があり、朝鮮通信使をめぐる困難な政治交渉の問題があり、様々な訴訟事件の処理の葛藤があった。

さて、教師という職業はともすれば学校という狭い社会のなかに閉じこもりやすい。そして社会との接点を失いやすい。世のなかが常に変動しつつあることに無関心で、従って、自分自身に対して怠慢になりやすい。こうした教師にありがちな傾向に対して、白石の人生が教えてくれることは、学問をするという思考の大切さはもとよりのこと、それを常に現実に照らして考察するという、思考と現実の密なる関連を維持することの大切さである。現実から逃避して教師の仕事は遂行されない。また教師は常に新たな自己研鑽を怠ってはならない。現実に対して正面から顔を向けねばならない。

それからまた白石の人生を顧みて私たちが教えられるのは、父母との関係のよさ、特に父との理想的な関係である。白石の人格形成に与えた父親の影響には大きなものがあるのだが、それを見ていると、家庭教育というものの人間に持つ意味の重さを実感する。それは封建制度下の時代であったということを考慮しても、私たちに新鮮な感銘を与える。

『折たく柴の記』は、政治の表舞台から退いた晩年の白石が記した自伝であるが、あとにもあげる福沢諭吉の『福翁自伝』とともに、日本人の残した自伝の傑作として推奨できるものである。そこにも父親に関する記憶の数々があげられているが、白石の父親はいわば典型的な武士として、自己抑制的な行動の美学をさながらに示した人であった。そういう父親のいわば「古武士」的な「背中」を見ながら成長した白石もまた武士としての抑制的な意思を明確に所持した人格を形成したのであって、彼の学問と行動はその人格の土台の上に形成されたものであろう。

武士的倫理、道徳というのは、今の時代にはなかなか語りにくいもので、納得もされがたいが、かつて、小泉八雲（一八五〇—一九〇四）はこの武士的なストイシズムを日本人の伝統的な行動の美学として賛嘆したのであった。[2] 確かにそこには封建制度の枠内での抑圧が反映している面もあるであろう。しかし一方、この強烈な意思の精神、「型」を守ろうという強い志は現代社会のなかで忘れられているものであり、私たちが覚醒してもよいものである。型、あるいは形を忘れた現代社会のなかでこのことをもう一度想起する意味は大きいのである。

（二） 二宮尊徳（一七八七—一八五六）

二宮尊徳は江戸時代の農政家である。中農の家に生まれながら、度重なる洪水災害によって家を失い、赤貧のなかに突き落とされた。困苦のなかで、やがて父母を失い、困難を極めた少、青年時代を送った。今でも見られるところもあるが、小学校の校庭に柴を背負って本を読む彼の姿はそういう困難な時代の彼の姿をうつしたものである。私たちは彼から教師としての人格に必要な何を学びうるのだろうか。尊徳は体系的な書物を残してはいないが、『二宮翁夜話』は彼のそのつどの話を記録した語録で、人生の知恵に満ちた内容が豊富に語られている。

尊徳は農民として土（自然）を愛したが、ただ自然に従順であるばかりでなく、人間の主体的関わり、努力を重視する。それを彼は「天道」と「人道」という言葉で表現している。それは尊徳が農民として自然と格闘したその実感から得たものであるが、彼は空疎な観念論を排し、自己の体験を重視したのである。それは実に徹底していた。彼の思想の根底には、自然と向かい、自然のなかからつかみ出した知恵がある。何より自己の体験のなかからものごとの本質をつかむという姿勢は教育の場においても大切なことであり、教師たるもの、この立場を否定することはできないのではなかろうか。

彼は一家離散の困苦のなかで、人が捨てて顧みなかった荒地を開墾することによって、そこから意外な実りを得ることを知ったのである。それは尊徳にとって大きな喜びであった。「積小為大」という尊徳の思想は彼の思想の出発点であるが、それは彼が日々の過酷な労働のなかで、土まみれ、汗まみれになりながらひたすら努力し、自己の労働と体験を積み重ねることによって得られた果実の実感から出た言葉であって、観念によって掘り出されたものではない。そういう原石の輝きのような実感が尊徳の発言の根底にはある。

子どもたちに向かうとき、私たちは彼らに自分の体験のなかから得られる果実の喜びを教えることができるであろう。花を咲かせる喜びも僅かな麦を育ててみる喜びも、鉄棒の逆上がり、水泳、九九の練習、子どもにとってはすべてのことが新鮮な喜びであり、達成感のこもった体験であるはずである。尊徳がみずからの労働から生きることの張り合いと喜びを得たように、私たちは、子どもたちに、みずからの行為と経験のなかから生きることの喜びを得させることができるのである。

尊徳において、私たちが観察できるもうひとつの側面は、彼が人の評価をする視点である。荒地復興の事業のなかで、彼は実によく働く人の労働の実態を見ていた。ある人は尊徳が回ってくるようなときだけ、それみよという感じで働いていたが、見えないところでは手を抜いていた。ところが、あるひとりの老人がいて、彼は人が見ていようと見ていまいと、地面から出て邪魔になっている木の根っこを根気よく抜き去る仕事をしているのだった。仕事が完了し、表彰の段になったとき、尊徳が表彰したのはその老人であった。その理由は言うまでもない、人が見ていようと見ていまいと自己の仕事を誠実にやり抜くことの大切さを評価したのである。老人に言わせれば、自分のような年寄りが多くの仕事をすることはできない、それならば、自己のできる範囲のことを誠実にやり続けるということが自分が村に貢献できる唯一の道だということなのであった。

おそらく尊徳には自分の幼少のころの経験が去来していたであろう。自分が氾濫の復旧の仕事に出なければならないとき、少年の自分があしでまといになってはと慮り、彼は夜、寝るのも惜しんで草鞋《わらじ》をつくり続けた。そして、その草鞋を土手の各所に置いておくのであった。労働は草鞋を履きつぶす。そうすると、すぐに履き替える草鞋が道に用意されているのであった。人々はみな、少年尊徳の気遣いに感動したという。

私たちはこのような行動の仕方を子どもたちに伝えることができる。大切なのは見えるところでの行為ではなくて、見えないところでの行為である。そして、人を評価するときの重点は、見えないところでのその人の行動を評価することであろう。

なお、内村鑑三（一八六一―一九三〇）は『代表的日本人』のなかで、この二宮尊徳のほかに、次に述べる西郷隆盛、上杉鷹山《ようざん》、中江藤樹、日蓮のあわせて五人をあげている。[3] 内村鑑三がこれらの五人を「代表的日本人」としてあげたのは、狭隘な国粋主義的な意味においてでないことはもちろんのことである。その意志の確かさ、高い道徳性の発揮のゆえに世界に誇りうるという意味においてである。むろん私たちが同じ理由において世界に誇りうる人物は彼らのみに限られないだろう。しかし内村鑑三のこの書においてあげられていることもここに銘記しておきたいのである。

（三）　西郷隆盛（一八二七―七七）

西郷隆盛は幕末維新を駆け抜けた一代の政治家であった。生まれは薩摩（鹿児島）である。盟友、大久保利通とともに維新政府をつくりあげ、次々に新しい改革を実行していったのだが、明治六年、いわゆる「征韓論争」をきっかけにして野に下り故郷鹿児島に帰った。しかし、西郷を慕って鹿児島に帰郷するものが続出、西郷は鹿児島に私学校をつくり、独自の教育を始めたのであるが、明治一〇年、ついに維新政府との間に戦闘が始まった。戦闘は約半年に及んだが、熾烈な白兵戦で、両軍合わせて死者一万二〇〇〇人に及んだ。これを西南戦争と呼んでいる。[4] 日本最後の「侍」による内戦といってよい。西郷軍は敗れ、西郷は故郷鹿児島の城山の砦で自刃して果てた。私たちはそのような西郷の人生から教師としての生き方に関わるどのようなことを学びうるのであろうか。

西郷には『西郷南洲遺訓』という一書があって、西郷の語録であるが、これを読むと、西郷の本音というものが率直に語られている。これを通じて知られることは何より彼の「無私性」の持つ奥深さである。西郷は私的利益のために行動することを何より嫌った。理屈よりも行動を重んじた。地位や年齢によって人を見るのでなく、その人の真の能力を見ようとした。そして、自分が価値あるとみるや、その人とともに命をともにすることを厭わなかった。そういう真率さを西郷は持っていた。

『西郷南洲遺訓』を具体的に見てみると、その第一頁にこんなことを言っている。天下の政治を行うものは「私を挟みては濟まぬもの」である。つまり私的エゴをもって国家の命運に関わるような政治をしてはいけないというのである。「心を公平に操り、正道を蹈み、廣く賢人を選擧」することが必要で、職責を全うしうる人を発見したならば、直ちに「我が職を譲る程」の気概を持っていなくては天下の政治はできないのである。

また別のところで、こんなことも言っている。「命もいらず、名もいらず、官位も金もいらぬ人は、始末に困るもの」である。つまりこのような人物には賄賂や利権を目の前にぶらさげても言うことを聞かないからである。しかし「この始末に困る人ならでは艱難を共にして国家の大業は成し得られぬ」のである。つまりこのような人と一緒でなければ、国家の命運に関わるような天下の政治は行えないというのである。「己れを愛するは善からぬことの第一也」とも言っているが、「敬天愛人」という西郷の言葉はそういう無私の心持を根底にしているものである。そういう西郷の無私の精神に魅かれて多くの若者が西南戦争で生死をともにした。

人間という存在はどうしても利得というものに走りやすい。それもまた生きるために必要な部分であると言えなくもないが、利得だけが充満する社会では、やはり人と人が互いに認め合って健全に生きてゆくことはできない。私たちは西郷の人生から、小さな自我のなかに閉じこもらず、大きな自我、天下国家の大きな命運のなかに自己をゆだねることのできる意志の強さを見ることができるわけだが、偏差値優先の学力社会のなかで、この西郷という人格の風通しのよさを子どもたちに教えることはきわめて大切なことではないだろうか。

それからまた彼は地位によって、あるいは身分によって人を見なかった。封建制度下の社会ではやはり稀なことである。そういう人の見方もまた現代の私たちが教えられることである。道徳や教育の根底にあるべきものを西郷の人生もまた私たちに教えてくれるのである。

（四）福沢諭吉（一八三四―一九〇一）

福沢諭吉は明治の啓蒙思想家として有名であり慶応義塾の創始者としても知られる。九州中津の生まれ、蘭学から英学に進み、西洋の先進的な思想の吸収に努め、文字通り、明治草創期の日本の社会の世論をリードしていったのである。私たちは彼から教師としての人格形成に必要な何を学ぶことが可能なのだろうか。

彼の人生を見ていると、この人には一体、悩みというものがあったのだろうかと思いたくなるほど、抜群に明るい雰囲気に溢れていることがわかる。もちろん、人間なのだから悩みのないはずもなく、まして幕末維新の激動期を生きた福沢に多くの困難があったことは疑うべくもない。それにもかかわらず、私たちがそのような「愚かしい」想像をしてしまうというのは、彼の生き方の持つ天性の明るさのためである。言い換えると、彼は常に前を向いて生きている。現在の困窮を悩むのでなく、やたらに人に媚びることをしない。自分が貧乏であるということにも恥じない。これからをどのように生きてゆくか、これからどんな希望が待っているかということを彼は常に考えている。そういうひたすらな前向きの人生態度を誰でも福沢の人生から感得することができるだろう。

福沢の著作には膨大なものがあるが、『学問のすすめ』『文明論之概略』は彼の思想が集中的にまとめられているもので有名なものである。そして、新井白石のところでも言及したが、晩年に口述した『福翁自伝』は福沢の個性や当時の世のなかの雰囲気というものを生き生きと伝えていて、時代は違うが、新井白石の『折たく柴の記』とともに、近世の日本人が残した屈指の自伝であるといってよいと思う。その『福翁自伝』を読んでも、今、述べたような福沢の感性、生き方がよく納得できるのである。

彼の根本には「実学」という考え方がある。世のなかの役に立つ学問ということである。彼の念頭には、封建制度の時代、優勢であった朱子学的・儒教的教養への反発があった。つまり世のなかの動きにはまったく無関心で、米の値段も勘定もできないで、ただ形骸化した権威の上にあぐらをかいて、難しい字や抽象的な理屈だけをふりまわしているような教養に対する批判である。知識とか教養というものはこの世のなかを生きてゆけるためのものであってお飾りのためにあるのではない。そういう確信は彼のなかに明確にあって、その考え方はプラグマティズムの考え方にも通じる。まさに福沢諭吉は日本近代のプラグマティストであった。

「一身独立、一国独立」というのも彼の明確な信念である。当時、新しい社会になったとはいえ、どれだけの人が古い階級意識にしばられていたであろうか。武士は意識だけは武士のまま、町人は意識だけは町人のまま、前向きであれ、後ろ向きであれ、そういう階級意識にしばられていては、日本の独立ということは到底望めないばかりか、西欧列強によって侵略もされかねない。そういう危機意識が福沢の根底にあった。それゆえ彼はそういう自立の信念の上に、健全な競争を承認した。競争あってこその社会の発展であり自立である。一人ひとりが古い階級の殻から脱して、健全な競争において自己を発展させることは福沢にとって至上の課題と見えたのである。

私たちは「天は人の上に人をつくらず。人の下に人をつくらず」という福沢の言葉を無差別平等の博愛主義を標榜したものと受け取ってはならない。それは到底、福沢の本意ではない。

ものにこだわらない見方、その人の外面によって人の価値を判断しないというのは福沢においても言えることだが、人生や生活というものを常に長い見通しのなかで見ること、その長いものさしのなかで人生を設計すべきこと、そして、何より、自己自身の主体性をしっかりと持つべきことを福沢の人生は私たちに教える。教師として私たちが子どもと共有できることはここに言い尽くされていると言えるだろう。

三　『次郎物語』について

ここでさらに下村湖人（一八八四―一九五五）の『次郎物語』という小説に言及しておきたい。もとより下村湖人はいわゆる文壇の人ではなくて教育者として生涯を終えた人で、この小説も自伝的な背景を持っている。自分の分身でもあるところの次郎というひとりの子どもの精神的成長をその青年時代にまで誠実に追ってゆく。親子の葛藤、教育の葛藤、恋愛、友情の問題が昭和の戦争を背景とした時代のなかで語られてゆく。稀に見る教育小説といってもよいだろう。教師に志すものが一度は読んでみたいものである。様々な発見があるであろう。

『次郎物語』は全五部からなる。池田書店刊の『定本 次郎物語』の年譜によってみると、その第一部は昭和一六年、作者五七歳のときに書かれた。すでにこのころ、作者湖人は教育界から引退し（昭和六年に台北高等学校長を辞し、社会教育、一般青壮年の指導に専念することを決意した旨、年譜に記されている）、この第一部を完成するのに五年の歳月をかけていた。次郎の子ども時代である。里子に出された次郎の葛藤が描かれている。

第二部は昭和一七年、五八歳のときであり、次に第三部は昭和一九年に出版した。次郎が中学（旧制）を配属将校とのトラブルでやめるところまでの話が展開されている。第四部は戦後の昭和二四年、六五歳のときに出版され、第五部は、途中、作者の病気の事情もあり、昭和二九年に出版された。すでに作者は七〇歳になっていた。

この第四部、第五部は中学校を退学した次郎が、同じく、政治的な事情から学校をやめた尊敬する朝倉先生のあとを追って青年塾の運営に関わる内容で、そこには作者の経験が生かされているであろう。すでに青年に達していた次郎の政治や社会や恋愛の葛藤が誠実に描かれているのである。

さて、この「朝倉先生」こそ、この物語のなかで次郎に大きな影響を及ぼす人物のひとりである。朝倉先生は当時の軍事的な教育に耐えられず結局、学校をやめて在野の青年塾を開く。この朝倉先生と、それからもうひとり次郎の父親、俊亮の存在が注目される。

次郎は里子に出されたから、実の母親はもとより父親との関係も希薄であった。幼い次郎には父親は随分と冷たい存在のように思えていた。ところが生活の節目節目に次郎の前に現れ出て、身を挺して次郎の存在を庇ったのも父親の俊亮であった。物語には子どものころの喧嘩のこと、それから中学校時代の配属将校との対立の場面が描かれている。当然、次郎の側に理のあることではあったが、俊亮は身を挺してその次郎の理というものを通したのであった。

朝倉先生の場合もそうであるが、この二人の人物造型を通して見られるのは「待つ」という姿勢である。彼らはある距離をおいて対象の（この場合は次郎の）動きを見守る。彼が何を考えているのか。どこに向かおうとしているのか。どれだけのことに耐えられ、そして、どれだけのことを見ようとしているのか。彼らはじっとそれを見守るのである。ありていに言えば主体性を尊重するということであるが、そういう並みの常識的な表現で尽くされることではない。

「待つ」方も必死なのである。手をこまねいて、あるいはのんびりとして眺めているのではない。そして、彼がぎりぎりのところまでおのれを貫いて、そこでどうしても「援助」が必要なとき、彼らは全身全霊で彼の手を引くのである。そういう姿勢をこの二人の人物を通して私たちは見ることができる。

「砕啄同時機《さいたくどうじき》」という言葉がある。鳥の雛が殻のなかで成長して殻を破って外界に出てこようとする。雛は全力で必死に自己の力を尽くす。そのとき、雛の努力に見事に対応するように、親鳥は殻をつついてやるのである。つまり、内部から雛が出てこようとする力（啄）と、外部から助け出そうとする力（砕）が見事にひとつになって、雛は明るい世界に出るのである。これは教育において根本的なことであると思われるのだが、教育という営みにおいて、私たちが子どもに期待するのも、このように、子どもが自己の力を尽くすという全力性ではないだろうか。子どもが全力を使い果たしたか、「待つ」のはつらい。しかし、この「待つ」ことなくしてまた教育の営みも成就しえないのである。そういう教育の営みの本質に関わることを『次郎物語』は、朝倉先生と俊亮という二人の人物の人物造型を通じて教えてくれるのである。

■本章の要点と課題

①教育の営みは芸術の営みにも通じる創造的なものであるが、教師は常に麓に立ち戻って子どもに寄り添うことを求められている。

②教師たることの資性として、子どもが何より好きなこと、子どもの成長を喜べること、他者に対する思いやり、想像力を持てること、人をうらやむ心の少ないこと、無私の心を目指せることなどがまずあげられる。

③新井白石のなかに、合理的な思考、忍耐力、親を尊敬できる心を見ることができる。

④二宮尊徳のなかに、自己の体験のなかから真理をつかみ出そうとする意思、そして、見えないところでの人の努力と行動を評価する心を見ることができる。

⑤西郷隆盛のなかに、素直に人を尊敬できる心、私利を求めない純粋さを見ることができる。

⑥福沢諭吉のなかに、人生を長い見通しで見る心、明るい意志に満ちた果敢な行動力を見ることができる。

■注

1　戦後の道徳の時間では、戦前までの英雄中心の「偉人教育」は影を潜め、普通の日常生活での行動を材料とするようになったことは特色である。

2　小泉八雲はラフカディオ・ハーンのことで、一八九〇（明治二三）年来日。小泉節子と結婚した。日本の伝承を海外に紹介、東京帝国大学などで英語を教授。『明治日本の面影』（講談社学術文庫）にその日本観察を述べている。

3　上杉鷹山（一七五一―一八二二）は米沢藩主。その藩政改革で知られる。中江藤樹（一六〇八―四八）は日本陽明学の儒学者。近江聖人と称された。日蓮（一二二二―八二）は日蓮宗の開祖。主著『立正安国論』。

4　西南戦争によって武力による政府批判は終焉に至り、こののち、政府批判は自由民権運動へと移行してゆく。

5　プラグマティズムは第九章にも述べるところだが、福沢諭吉のプラグマティストとしての思想については、丸山眞男氏の一連の論文が参考になる。『丸山眞男集』（岩波書店）第三巻に「福沢に於ける「実学」の転回―福沢諭吉の哲学研究序説―」「福沢諭吉の哲学―とくにその時事批判との関連―」が収められているほか、第一五巻には「福沢諭吉の人と思想―みすずセミナー講義・一九七一年一一月二六日―」が収められている。

■**学習を深めるための参考文献**

①　斎藤喜博『授業入門』（国土社）
長く教職の実践の場にいた著者が単なる技術論でなく教師の人間性のありかたに即して語ったものである。現代教師論の古典と言える。

②　新井白石『折りたく柴の記』（岩波文庫）。現代語訳もあるが、原文で味わえる白石の滋味溢れる文体に接してほしい。

③　二宮尊徳『二宮翁夜話』（中公クラシックス）、岩波新書に『二宮尊徳』（林屋辰三郎著）がある。

④　西郷隆盛『西郷南洲遺訓』（岩波文庫）、司馬遼太郎の小説に『翔ぶが如く』がある。第二章「学習を深めるための参考文献」③参照。

⑤　福沢諭吉『福翁自伝』（岩波文庫）、慶應義塾大学出版会から新しく『福沢諭吉著作集』が出ている。また大部なものだが、『福沢諭吉事典』も刊行されており、福沢諭吉について多角的に探求している。文字

通りの「福沢事典」といえる。

⑥　下村湖人『次郎物語』（新潮文庫）。ほかに池田書店に『定本　次郎物語』がある。

第七章　道徳教育の授業実践

一　授業の流れ

道徳の授業を実際、どのように工夫して実践するかということが本章の課題であるが、これについては、小・中学校ともに、その指導要領解説に述べられている（いずれも第五章「道徳の時間の指導」）。本章では指導要領のこの箇所を解きほぐし補完するかたちで、授業を実践するにあたっての要点を述べていきたい。

まず私たちはどの教科の場合であれ、授業の流れというものを、およそ三区分に分かって理解しておく必要がある。

（一）導　入

まず導入であるが、一時限の授業には必ずねらいというものがある。このねらいをもって授業に臨まなければ、授業はただの時間の浪費になってしまう。しかし、そのねらいをいきなり露骨に言えるわけはないので、児童・生徒の関心を呼び起こすこと、すなわち動機づけを図ることが必要である。彼らの感性に働きかけて、彼らの心と関心を主題の方向に引きつけるのである。道徳の授業について言えば、「ねらいの根底にある道徳的価値の自覚に向けて動機付け」を図るものと言えるだろう（中学校学習指導要領解説）。時間的には、仮に五〇分の授業であるとして、五分、一〇分の勝負であると言えるだろう。教師はこの限られた時間のなかで児童・生徒の心に働きかけ、彼らの関心を喚起し、自分の方に引きつけなければならない。この導入に成功すれば、授業というものは半分は成功したとも言えるだろう。

（二）展　開

導入に続いて「本論」とも言うべき時間に入る。授業の中心の時間で、五〇分の授業ならば、少なくとも三〇分の時間を考えておく必要があるだろう。

一般的に見ても、三〇分の時間のなかで児童・生徒に何かを伝えるためには散漫な展開であってはならない。知識伝達を中心とする教科ならば、「ヤマ」ともいうべきものをきちんと整理しておく必要があるだろう。ヤマというのは、これだけは伝えたいという大題目といってもよい。道徳の授業ならば、この点をどのように考えたらよいであろうか。指導要領の解説に沿ってこのことを考えてみたい。

まず資料の提示の仕方の工夫である。

導入のところでも述べたことだが、ＤＶＤやＶＴＲなど視聴覚資料は感覚的にも児童・生徒を引きつけるのに効果的である。いつどのような場面にどのような資料が最も効果的であるか、教師は常にそのことを考えておく必要がある。

次に発問構成の工夫である。

すべての授業においてそうであるが、教師による発問の適否によって指導効果は大きく異なってくる。単に時間つぶしの質問、単に確かめるための質問（それが必要な場合があるにしても）でなく、児童・生徒の心に働きかけ、彼らの心情を深め、発展させるような質問は、特に道徳の時間には必要である。問題を彼らの体験や彼らの日常に関わってくるようなものへと転換してゆくならば、彼らは問題を自分のこととして実感できるだろう。

授業全体の「まとめ」の問題があるが、これについては、次の「道徳」の授業の諸形態について述べたあと、改めて言及することにする。

要するに、道徳の時間の目標は児童・生徒があらゆる問題を自分自身の生き方の問題として考えられるように導くところにある。そのようにすることによって、生活に即した価値観を形成できるよう導くところにある。そのためにも、いろいろな形態の授業が考えられるのであるが、それは以下の通りである。

二　道徳の授業の諸形態

(一)　読み物資料を中心とした授業

国語との差別化が問題としてあるが、道徳の授業では小説、エッセイ、詩、戯曲など、一貫した内容を持った読み物資料を使う授業が広く採用されている。同じ資料は国語でも使用するが、道徳の授業の場合の強みはそれらを「抜粋」でなく、じっくりと読めるということであろう。

大切なことはその場でいきなり読ませるのでなく、事前に課題として指示し、読ませておくことである。むろん考えるための要点は示すこと。そのことによって、児童・生徒は登場人物に対する共感や感動や、あるいは葛藤といった感情すらも「準備」することができるだろう。意図的な筋道でなく、彼らが主体的に発展させることのできるような筋道をつけることは教師の大切な仕事である。

さてここで述べておきたいのは「朗読」ということである。教師は読み物資料の場合、朗読する必要に迫られる場合が多々あるはずである。その場合、ゆめゆめいい加減な朗読をしてはいけないということである。朗読はただ読む、読み上げるということではない。その人が何に感動しているか、何を伝えたいか、そういう気持ちが明確に相手に伝わるような朗読でなければならない。学校の教師という存在は、その専門にかかわらず、この朗読のトレーニングがきわめて必要な義務のひとつだと考えるべきである。

その意味でプロのアナウンサーの朗読を聞くことはとても参考になるはずである。ＮＨＫのラジオ深夜便に「こころのエッセー」というシリーズがあって、ＣＤ化されてもいるので参考にしてみるとよい。何もいたずらに感激して読めというのでない。その客観的な読み方のなかにいかにアナウンサーが要点を押さえているか、納得できるものがあると思う。

（二）討論（話し合い）を取り入れる授業

討論型の授業の何よりの利点は、児童・生徒が単なる「聞き手」でなく、主体的に授業に参加できるというところにある。児童・生徒同士のコミュニケーションを活性化できる点でも道徳の授業にはきわめて有効な方法である。

しかしそのためには当然、何を話題にするのかなど十分な準備が必要である。いきなり、これこれのことを討論しなさいというのではなく、ビデオを見たり、読み物資料を消化したあとでの話し合い、討論ということもあるわけである。つまり、論点というものが事前に十分理解されていることが必要なのであって、そのためにも、ここに入ってくる教師の役割は重大であろう。

討論がうまくいくためには、児童・生徒をグループ分けした場合、そのグループがよいコミュニケーションをとれているということが大切である。お互いに信頼があり風通しのよいことは討論、話し合いが円滑にゆくための最大の前提条件だろう。

そして教師は結論ありといった指導をしてならないことはもちろんである。討論、話し合いは立場を互いに明確にして一方を論破することを目的とするようなディベートとは違う。そういう試みのなかでよい人間関係が形成されるということも大切な目的である。教師はそのためにもよき産婆役に徹しなければならない。無理に結論を出す必要はないのである。

(三) 役割演技の授業形態

役割演技というのは、ひとつの場面について実際に児童・生徒に役割を割り振って演技させるのである。実際に自分がその場面の疑似当事者になることによって、臨場感は高まるし、感性を豊かにするためにも効果がある。むろんそのためにも注意は必要で、大切なのは気持ちの込め方であって、演技の巧拙でないことはもちろんだし、伸び伸びと表現できるようなクラスの雰囲気が大切である。

それからまたどのような内容をこの場合取り上げるかということもあるだろう。例えば、いじめの問題のようなものは、この役割演技を実践することによって、児童・生徒の心情をより明確にすることに役立つかも知れない。感性に訴えかけるという意味では、小学校段階にこの形態は有効であるかも知れない。理屈でなく、感性に訴え、その感性に響きやすい年齢は小学校の場合である。演技も割合に素直にできる可能性もある。この場合にも教師は演技の指導者でなく、感性の見守り手であり、また、表現する児童・生徒ばかりでなく、見る側の児童・生徒への配慮も必要である。みんなが主役であるということにほかならない。

さて、読み物資料の利用から討論、役割演技などの形態を扱ってきたが、どの形態を利用するにしても、道徳の授業は児童・生徒の心情に働きかける動的なものでなければならない。説話、講話というのは伝統的な道徳授業のかたちで、戦前の修身などでは、いわゆる偉人の話を教壇から説得的に話したものだが、現代ではあまりはやらない。しかし、ここで大切なことは教師の人格の影響力である。どのような場合でも教師の人格が現れ出るような話し方、働きかけ方が必要なのである。そして教師はよい導き手であろう。

授業実践の場合の板書についても注意を喚起しておく。明治以来、学校の教室に黒板というものが登場してから、「チョークと黒板」は教室の最も古い伝統的なツールとなったのであるが、その根本的な役割は決して意味を失っていない。それはひとつの問題に児童・生徒を集中させるためにも必要で、決して時代遅れのツールではない。最近はパワーポイントのようなツールが流行して、やや薄暗い雰囲気のなかで、発題者が横に立っているような形態が会議などでも多くなっているが、黒板と教師の関係はまったく別の状況である。明るい場所のなかでその中央に教師は立つ。板書によって児童・生徒をコントロールする。板書の書き方の問題もあるが、多くの児童・生徒を一元的にコントロールするためにも板書は有効で、そのためにも思いつきの板書でなく、書かれたものの関連性をよく意識した構造的な板書のトレーニングが教師には求められるであろう。

(四) 授業のまとめ

授業のまとめであるが、五〇分の授業ならばまず五分、一〇分の勝負の時間である。他の教科にも言えることだが、前述した板書の内容は一切消す必要のないよう、つまり、一時限の板書はただ一回の範囲で心得ておくのが望ましいであろう。

ところで、まとめというのは教師によるその時間の総括のことになるが、これには二つの意味があるのであって、ひとつは文字通り、その時間の内容の整理、確認である。そのためにも板書の内容を消さないことが必要なのである。

それからもうひとつは発展である。今日はこういうことを勉強したがその次はどうなるのか。どんな問題があるのか。このように次の展開への見通しを伝えることである。道徳の授業の場合は項目の独立性が比較的高いと思われがちなので、どうしても「読み切り」的なものになりやすいが、道徳の授業の場合でも、この内容の継続性というものは大切なのであって、教師はそのことを児童・生徒に伝え、彼らの関心の継続性を図らねばならない。

つまり授業というのは切れることのないひとつの線なのである。永遠の連続なのである。その線上を教師と児童・生徒はともに手を携えて歩く旅人なのである。それは四国八十八箇所の巡礼行にもたとえられるであろうか。

三　ある教師の授業実践

さてここで、具体的な授業の実践例を見ておくことにしたい。ここであげるのは教師三年目のA君の場合である。A君からの聞き書きのかたちをとって、以下、報告することにする。

彼は小学校五年の道徳の授業で「友情・信頼・助け合い」ということをテーマに授業を行うことにした。最近、クラスの雰囲気がばらばらであり、勉強する子は我関せずといった感じでいるし、騒ぐ子は騒ぎ放し、何とかしたいと思ったときにこのテーマが浮かんだのであった。教材は浜田廣介の「泣いた赤おに」を選んだ。よく知られている教材ではあったが、児童に聞いてみたところ、意外にも、読んだものはほぼ皆無であった。数名が三年のときに先生から聞かされた経験を持っているだけであった。

さて、実践の順序として、彼は一週間前にその物語のプリントを配布し、何の批評も加えずに、まず読んでくることを宿題とした。そして、感想を自由に準備しておくことも指示した。

「泣いた赤おに」の話の概略は次のようなものである。

ある里に心やさしい赤おにが住んでいた。彼は何とか村の人間と友だちになりたいと思っていた。

お茶やお菓子も準備して人間とおつきあいをしたかった。しかし、人間は彼の形相を見ると、みんな怖くなって逃げ出してゆくのであった。

彼には少し遠くに住んでいる青おにの友だちがいた。彼も心やさしい鬼だった。

ある日のこと、訪ねてきた青おにが沈んでいる赤おにに理由を聞くと、人間と友だちになりたいのに、みんな逃げてしまうのだとこたえた。

なんだそんなことかいと青おには言う。それならこうしよう。ぼくが村に行って、思い切り悪さをするからさ。ころあいを計って出てきたまえ。そしてぼくを思い切りたたいて。それを見たら、村の人はみんな君のことを信用するさ。

ええ、そんなこと。さすがにしり込みする赤おにを青おにはむしろ励まして「作戦」を実行する。作戦は大当たりだった。赤おには人間と友だちになった。しかしどこか赤おにの気持ちは晴れなかった。青おに君はどうしているだろう。ある日のこと、彼は、青おにの里にでかけてみた。すると家の前に張り紙がしてあった。

赤おに君。ぼくは旅に出ます。ぼくがここにいて、いずれ、君と友だちということが村の人にばれてしまうと、せっかく君が人間と友だちになったのに、それが台無しになってしまう。でもぼくは君のことは決して忘れないよ。ぼくたちはいつまでも友だちだよ。

赤おにはこの手紙を見ておいおいといつまでも泣くのだった。

およその筋は以上の通りである。A君は児童の感想が楽しみだった。どんな感想を彼らは持ってくるだろう。

さて、その日の授業である。今日の授業のテーマが「友情・信頼・助け合い」であるとは事前に彼らに伝わっている。まず班に分けずに、いろいろな意見を自由に聞いてみた。いろいろな意見が出てきた。それはおよそ次のようなものだった。

○青おには友だちのために自分が完全に犠牲になってえらいと思う。
○でも青おにはあんなに犠牲になって赤おにと人間を仲良くさせたけれど、そういうのって友情なんだろうか。ほんとに赤おにのためになっただろうか。
○赤おには心が弱いと思う。青おにが提案した作戦はそのときに断ればよかった。そうしたら二人は離れなかった。
○赤おには人間と友だちになったとき、ほんとのことを話して、青おにも友だちにいれるべきだった。
○人間もいけないと思う。このお話には、外見だけで人を判断する人間の勝手な気持ちが出ている。ここではおにと人間の関係だけれど、ぼくたちの生活のなかで、外見で判断して人をいじめたり、突き放したりしていることがたくさんあるんじゃないかな。村の人間が最初から赤おにを差別しなければこんなことにはならなかった。

大体はこんなところであったが、なかには次のような意見もあった。
○青おにがすごくいい印象持たれてるけど、青おにはなんで出てっちゃったのかな。怒ったんじゃないかな。赤おにがいつまでもお礼に来ないから。そういうことってあるよ。寂しかっただろうし。その気持ちは仕方ないけど、そんな気持ちもし持つんだったら、最初から赤おにのこと助けなければよかった。

さてこうして次には、班に分かれて話し合うことになった。赤おにの方に同情的な意見を持つものと、青おにの方に同情的な意見を持つものと、ほぼそのあたりを基準として数人のグループに分け、三〇分ほどの時間を持ったのである。A君は班の間を回りながら、何も話さない子には声をかけ、行き詰っているとみれば、話題を変えるように差し向け、全体の動向を把握するようにした。全体の動向は最初の傾向は赤おに、青おに、人間のいわば善し悪しの比較をしているようだったが、議論は次第に「友情」って一体何だろうという問題に移っていった。実はそれこそがこの授業のねらい目としたいところでもあった。しかしなかなか「結論」は出ないようだった。最後の一〇分くらいのところでA君は次のように述べてこの授業を締めくくろうとした。

みんな今日はしっかりやったよね。いい意見がいっぱい出ていました。で、先生は思うんだけど、この話はとても大切なことをたくさん含んでいて、ぼくらが友だちとこれからつきあっていくとき、忘れちゃならないことがつまっていると思う。今日は二つポイントがあると思うので、そのことを言っておくよ。

ひとつは、友だちとのつきあいに、何か見返りを求めたり、前提においたり、期待してはいけないということ。そういうつきあいは長続きしません。意見のなかに、青おにが出ていったのは、赤おにから何の礼もないので怒ったんじゃないかという意見があった。そうかも知れないし、そうでないかも知れない。青おにはひょっとしたら、赤おにが人間とあまりに親しくしているので、助けたにしてもねたんだかも知れないね。そうかも知れないし、そうでないかも知れない。

いずれにしても、青おにがそういう気持ちを持ったとしても、それは仕方のないことだよ。神さまじゃないんだからね。ぼくたちはそういう気持ちを寛容に受け入れなければいけないし、けれど、何か相手に期待するようなところがあれば、そういう気持ちの生まれるのが最初からでも、あとからでも、やはりつらいね。関係は壊れてしまうかも知れない。

それからもうひとつなんだけど、君たちがわかっていながら出てこない言葉がありました。「思いやり」という言葉です。「想像力」といってもいいと思います。つまり、こうしたら、相手はどう思うだろう、どんな気持ちになるだろう、というような気持ちです。青おにの最初の提案も、もし、青おにに、こんなことまでして彼、喜ぶかなと思ってみる部分があったらなあ。事実、殴れ、殴れというとき、赤おにはためらったんだ。でも青おにはそれを叱咤《しった》して強く促したんだ。青おにのことだけでなく、赤おににも人間にも、もう少し、思いやりという働きがあったらと思わないでもないけど。ぼくたちが生きていけるのは思いやりがあるからだよ。これが働かないと、家族でも友人でも寒々しいものになります。相手を思いやること、見返りを求めないこと、これは大切な人間関係の要点であることを言っておきたいと思います。

以上、教師三年目のA君の授業実践の例を紹介した。彼がいちばん気をつけたのは、自分の考えを押しつけずにいかに児童から意見を引き出すかということだったが、教室に入るとき、おにのお面を被って教室に入ってみせたのは彼らを笑わせた。さすがに若い先生のエネルギーというもの。これは教室の空気をなごませるのに役立ったと言っている。[1]

四　評価の問題

さてここでなお述べておかねばならないのは「評価」の問題である。およそ公的な組織を維持してゆくためには評価という作業が必ず必要になる。学校もまた一定の目標を持つ公的な組織である以上、この命題から離れることはできない。

教育における評価の意味は二つに分けられる。

ひとつは教師の自己点検である。自分の教え方が児童・生徒にどのように浸透したのか。どの程度の効果があったのか。テストというのはそもそもそういう教師の自己点検の側面を持っているわけである。もうひとつの側面は、結局、紙の表裏の問題になるが、児童・生徒の学力そのものの成長の点検である。彼らがどの程度に学力的に成長したかを計る目安である。つまり、評価は教師と児童・生徒の自己評価の合わせ鏡のような性格を持っているのである。

ところで、ここに問題となるのは、道徳教育の場合、その児童・生徒の道徳性の成長の具合を数値的に判断できないということである。道徳性は心の成長の問題であるから、数学や英語の学力を計るように数値的に判断できないのは当然であって、ここに道徳性の伸び具合を評価する難しさがあることになる。彼らの心の成長をどのように計ったらよいのであろうか。指導要領解説を参照すると、いくつかの方法をあげている。小・中学校ともに道徳指導要領解説の第八章が評価の章にあてられており、重要な問題であることがわかる。

（一）　観察による方法

児童・生徒の日常生活の行動を継続的に観察していくわけで、大切なのは外に現れた行動からだけで判断するのでなく、行動に現れない彼らの表情の変化とか心の動きをとらえようとする姿勢である。道徳性が心ののびしろの問題に関わるものであるだけに、このことは重要であろう。

（二）　面接による方法

面接は一対一で向かい合うのであるから、児童・生徒の心の機微を深く理解するには有効であろう。ただそれだけに信頼関係は基本の前提で、信頼の念を抱かない相手には、誰であっても人は心を開かないものだ。従って、カウンセリング上の技術も教師には要求されるであろう。座り方にしても、正面から向かい合うのか、並ぶのか、九〇度の角度で座るのかによって、人間の心理に及ぼす影響の異なることはカウンセリングの方法の第一歩である。

（三）　質問紙を使う方法

これは知りたい事項をあらかじめ整理して用意しておくことができるので、割合に教師の意図に沿ってこたえを引き出すことができる。しかし、その反面、ただ書面によるこたえだけなので、生きた児童・生徒の表情や反応を得られない点が弱点である。彼らもまたこたえに対しては構えてしまう結果、必ずしも素直な反応が得られるとは限らない。そういう点を考慮しておく必要があるだろう。

（四）作文やノートなどによる方法

これは児童・生徒がまったく自分のペースで毎日の出来事や考えていることを記すもので、彼らはある程度、自分の世界のなかで素直に記録し続けることができる。ひとりのものでなく、グループ日記やグループノートもありうるだろう。読まれることを意識しているにしても、対面的なものに比較すれば、彼らの日常や心の揺らぎを理解するには有効である。

以上、指導要領にあげられているものを述べてきたのだが、どれも絶対ということはなく、教師はこれらを場合に応じて併用してゆくことによって、児童・生徒の心の成長、道徳性の進展の具合を知るてがかりとすることが大切である。

もう一度確認しておくならば、道徳性の成長は数値で計れるものではない。そして、教師はこれらの評価を、児童・生徒を励まし、前向きに行動してゆく意欲を喚起するためのてがかりとすべきである。つまり学力とは何かという根本の問題をめぐる重要なてがかりとなるものなのである。[2]

■ 本章の要点と課題

① 授業は導入、展開、まとめの三区分によってできあがっている。

② 導入は児童・生徒の関心、動機づけの役割を担う。

③ 展開は授業の中心であるが、その授業の主題を十分に意識し、展開の方法に工夫すべきである。

④　まとめは、その授業の内容の確認ばかりでなく、次の主題へ児童・生徒の関心を引き込むための役割も担う。
⑤　評価は児童・生徒の理解力の確認とともに、教師の教え方の反省もあわせて二つの側面を持つ。
⑥　道徳性の評価は数値化できない心の成長に関わるものであるから格別の工夫をする必要がある。

■注

1　「赤おにはなぜないたか」これは「泣いた赤おに」というタイトルそのものに託された問題だが、子どものこたえの大半は「青おに」の心のやさしさに打たれたのだというものだった。A君はこの問いは難しいと思った。それだけではないような気がする。彼は今でもこの問いを自分自身で考えている。子どもに説明することの難しさを実感している。

2　「学習を深めるための参考文献」②にあげた書の四六頁に「道徳の時間の七つの基本方針」として、「小学校学習指導要領解説・道徳編」（文部科学省）の第五章第一節七九〜八一頁を要約したものがある。これも参考になるので以下にあげておく。

道徳の時間の七つの基本方針

道徳の時間には、その目標や特質を踏まえた道徳の時間らしい指導を進めるために、押さえたい基本方針がある。次の七項目について確認して指導に臨むようにしよう。

(1)　道徳の時間の特質を理解する

道徳の時間の特質とは、①児童一人ひとりが、ねらいとのかかわりにおいて自己を見つめ、②道徳的価値の自覚および自己の生き方についての考えを深め、③道徳的実践力を主体的に身につけていく時間である。このことを共通に理解して授業を工夫する。

(2)　信頼関係や温かい人間関係を基盤におく

教師と児童の信頼関係や児童相互の人間関係を育て、一人ひとりが自分の感じ方や考え方を伸び伸びと表現することができるようにする。また、それを生かした授業をすることによって、人間関係をいっそう育てていく。

(3)　児童が自己への問いかけを深め、未来に夢や希望をもてるようにする

児童自らが自分自身への問いかけを深めていくことによって、自らの成長を実感することができ、未来に夢や希望をもち、意欲的に生きていくための力を身につけていくことができるようにする。

(4)　児童の発達や個に応じた指導を工夫する

児童には、年齢相応の発達の課題があるとともに、個人差も大きいことに留意し、一人ひとりの感じ方や考え方を大切にした授業を工夫する。

(5)　道徳の時間が道徳的価値の自覚を深める要《かなめ》となるよう工夫する

学校の教育活動全体で行う道徳教育の要《かなめ》として、他の教育活動との関連を把握し、それを生かした授業を工夫する。また、多様な体験活動を生かした授業を工夫する。

(6)　道徳教育推進教師を中心とした指導体制を充実する

校長の方針を明確にし、道徳教育推進教師を中心に指導体制の充実を図り、道徳の時間への校長や教頭などの参加、他の教師との協力的指導、保護者や地域の人々の参加や協力などが得られるようにする。

(7)　児童と共に考え、悩み、感動を共有し、学び合うという姿勢をもつ

道徳は、児童のみではなく、教師自身の課題でもある。教師自らが児童と共に考え、悩み、感動を共有しながら、学んでいくという姿勢で授業に臨むことを大切にする。

■学習を深めるための参考文献

①沼田裕之・増渕幸男・伊勢孝之『道徳教育21の問い』（福村出版）

②永田繁雄編著『小学校新学習指導要領の授業　道徳　実践事例集』（小学館）

③浜田廣介『泣いた赤おに』（偕成社）

第八章　カントの実践哲学と道徳教育

一　カントの善意志の思想

イマヌエル・カント（Immanuel Kant　一七二四—一八〇四）は近世ドイツの哲学者、倫理学者であるが、その学問の体系は壮大なものである。道徳哲学の上でも大きな業績を残しており、私たちの課題であるところの道徳の問題にも示唆するところが大きい。その代表的な著作に、『純粋理性批判』（一七八一）、『実践理性批判』（一七八八）、『判断力批判』（一七九〇）があって、これを「三批判書」と呼んでいる。ここで問題にするのは、カントの道徳哲学を代表する『実践理性批判』であり、その習作としての性格を持つ『道徳形而上学原論』（一七八五）である。

『道徳形而上学原論』（以下、原論）の最初に、カントは「善意志」（das Guter Wille）という事柄について有名な提言をしている。意をとって言えば、次のような内容である。

この世においても、それどころかこの世以外においても、無制限に善とみなされうるものは善意志よりほかにまったく考えることができないのである。なるほど、ものごとの理解力とか才気、判断力、あるいは勇気、果断、堅忍不抜といった能力もまことに望ましいものだし、さらにまた、権力、富、名誉、安泰などといった現世的な幸福も人間にとってまことに望ましいものではある。しかしながら、これらの「よきもの」も、もし「善意志」を欠くならば、とんでもないものとなって人間にふりかかってくるのである。私たちは、もし泥棒が勇気や果断といった能力を駆使したらどんなことになるか容易に想像できるだろう。権力や富、名誉、健康なども同じことである。これらのものも、もし「善意志」を欠くならば、むしろ世にとり人にとって悪影響を及ぼすことは言うまでもないことである。

以上のような内容が原論の冒頭に展開されており、カントは「善意志」の重要性を訴えている。なるほど、私たちの周囲を見れば、権力欲や名誉欲に狂奔する人々の姿を確かに見ることができる。それなら「善意志」とはどのようなものであろうか。

それは何かの条件のもとに発動されるものではない。例えば、名誉や権力を得たいから人に親切にするとか、ボランティアに心掛けるとか、そういう「ためにする」目的観念があって発動されるものではない。それはまったく無条件的に人間のうちにあるべきいわば良心である。ものの有用性とか結果への顧慮のもとにあるものではなく、それだけで存在価値を持つ絶対の良心というものをカントは善意志という用語で表現した。この善意志がなければ道徳は揺らいでしまうのである。しこうして、その時々の事情によって揺らぐような道徳は道徳の名に値しないのである。

けれどもまたカントも人間が実に危うい存在であることは知っている。人間は一面において動物的な欲求を持っているし、この世の刹那的な欲求や衝動に絶えず突き動かされているのだ。それはつまり「自愛」という心持ち、エゴイズムの心情であるが、人間におけるそのエゴイズムの根強さについてもカントはよく認識していた。従って道徳法則はこのエゴイズムとの戦い、その反措定というかたちで人に迫るのである。そこで、カントの定言命法の問題に触れなければならないのであるが、カントの「自愛」についての言及を私たちはもう少したどってゆかねばならないと思う。

人間は大事によって堕落するのではなく、日常の小事によって堕落するものであるという思いがカントのなかになかっただろうか。次の表現はそのことを示唆している。以下、原論（岩波文庫版による。以下同じ）のなかの表現を示しながら述べて行く。

なにぶんにも人間は、元来多くの情意的傾向をもち、これが意志を触発するところから、実践的な純粋理性の理念を持つことはできても、さてこの理念を自分の行状によって具体的に実現するのはなみ大抵のことでないからである。

鎌倉時代の浄土真宗の開祖、親鸞もその弟子唯円との対話のなかで、日常性に引きずられる人間の危うさについて言及していたが（歎異抄）、カントの文章はさすがに哲学的表現の鎧をかぶっているとはいうものの、その親鸞の思想的文脈を思わせるものである。

いちばん困難なのは、「行為が義務にかなっているばかりでなく、行為者がこの行為に対して直接の傾向を持つ」ような場合であるとカントは言う。つまりどこから見てもそれが善意に満ちた行為であるばかりか、行為する本人も十分にそのことに対して善意の気持ちを持っているという場合である。

カントのあげる例は具体的で、例えば商人が顧客に向ける親切と正直である。しかしカントはそれを義務と正直の原則に基づいての行動とはみなさない。そこには「善意志」が欠けている。そうした無意識と見える人間の内面のうちにこそ「偽善」の芽が潜んでいる。商売であるがゆえに「まったく私利を図ろうとする意図」によって行われたと判断せざるをえないからである。原論を読むものはまずここで「嘆息」するだろう。そして次の段階に至ってカントに「挫折」するかも知れない。

すなわちカントは博愛家の例をあげてもいる。世間には他者に対する同情心に富む人々がいて、「博愛家」とも呼ばれるのであるが、それらの行為が格別の虚栄心や利己心から出たものでなく、それらの人々が他人が満足するのを見て素直に喜ぶ心を持っているにしても、なお、カントはその「博愛」に同調しえない。なぜなら「たとえその行為が義務にかない、または目には快いものであるにせよ、やはり傾向の域を出ない」からであるとする。

この「傾向」という用語は die Neigung の訳語である。先の「情意的傾向」の原語でもある。カントを理解する場合に、非常に重要な用語なのだが、岩波文庫の注によっておけば、一定の対象に対して傾いてゆく心の傾き、習慣的あるいは規則的になっている感覚的欲求、感覚的な愛情や愛着、それは主観的なもので、また感情的、意欲的なものであると解説されているのであるが、仏教でいうところの「煩悩」と置き換えてもよいであろうか。

重要なことは、それが意識的な領域のなかで動くばかりでなく、無意識の領域において、みずからも知らないうちに突き動かされるという人間の心の底に潜む欲動を示唆していると考えられることだ。こうしてみれば、先の親鸞と唯円の対話も想起されるわけである。

素直な商人の親切や「博愛」の行為に対しても、そこに潜むいわば「自己満足」としてのエゴイズムを指摘してやまないカントの筆鋒の前に私たちは立ち止まってしまう。それはあまりに厳しすぎるのではないかと。そのような善意に通常私たちは何の疑問も感じないばかりか、むしろ歓迎するのである。しかし、カントは人間の心底に潜む「自己満足」のエゴイズムについて、それがやがて「傲慢」に転じることを予感していたのかも知れない。自分はこんなに人に親切にした、こんなに努力した、そういう思いのうちに顔を覗かせてくる「平和」と「慈愛」に満ちた表情こそ、親鸞においても最も避けるべきものだった。カントもまたそうであろうか。私たちは博愛家についてのカントの次の文章をも参照しよう。

この博愛家の心が、自分自身の心痛に曇らされて、もはや他人の運命に同情する気持ちをすっかり失ってしまったとする。この人は苦しみに悩む人達に親切を尽くす力を今でも持ってはいるものの、他人の苦しみはもう彼の心を動かさない。自分の苦悩に耐えるだけで精一杯だからである。ところで彼は、傾向に刺激されたわけでもないのに、この甚だしい無感動の状態をみずから打開して、一切の傾向にいささかもかかわりなく、まったく義務に基づいて行為するとしたら、かかる行為こそはじめて真正な道徳的価値を持ちうるのである。

自己を「安全地帯」においてなされる「博愛」の行為は危ういということなのであろうか。そこまで突き詰めるカントの文脈は私たちの日常性のともすれば忘却しがちな心理の根底を覚醒させる指摘である。

平安な生活のうちに自己のいのちを満喫しているところに、いのちを慈しむことの真価が現れてくるのではなくて、むしろ危機の真っ只中においてのみ、いのちを慈しむことの真価は現れてくるという。平和と安寧のうちに自己のいのちを慈しみ愛するだけなら、それは「義務にかなっている」とは言えても、「義務に基づいている」とは言えない。そこにはひそかに自愛の原理が入ってくるからである。そうしてみれば、カントにとっては自殺もまた自愛の行為として斥けられるのであって、カントは次のように述べるのであった。

ところで重ね重ねの不運と絶望的な傷心とが、生の滋味を悉く奪い去っても、なおこの不幸な人は、心を強く保ち臆病にもならずにまた意気消沈することもなく、かえって敢全立って非道な運命に反抗し、また死を願う念を持ちながらも、なおかつ生命を保持しようとする。しかもそれが徒らに生を愛するためでなく、またまた傾向や恐怖によるのでもなく、まったく義務にもとづく行為であるとすれば、それでこそ彼の格律は道徳的な価値内容を持つのである。

そのようにカントは「自愛」による人間の行動の一切を、それが表面的にはたとえ道徳法則にかなっているようにみえても、真の道徳法則に基づくものとはみないのである。

このようなカントの発言は私たちの日常性に対するほとんど挑戦的な言辞であると言える。普通に考えれば、私たちはこのようなカントの言辞に対しては当然、反論したいだろう。なぜなら自愛なくして私たちの日常性が維持されないというのもまぎれもない事実であるからである。自愛こそある意味で生きるための根本動力であり、自愛なくしてどこに生きる意味があるというのだろうか。

愛すること、憎むこと、これすべて自愛のなさしめるところで、それは歴史や文化を織り成してきた内的動力にほかならない。それだけの意味を持つがゆえに、多くの人間がそのことに苦しんでもきたし、倫理学の思想史をひもとけば、私たちはあらゆる頁にその関心を見出すこともできる。そういう自愛をカントは普遍的道徳法則の原理として否定する。

そして、カントがあげる定言命法の典型は次のひとつである。

君自身の人格並に他のすべての人格に例外なく存するところの人間性を常に同時に目的として用い決して単に手段としてのみ使用しないように行為せよ。

ここには人と人が交わっていくことへのカントの認識が表現されている。人がこの世をわたってゆく限り、ときとして人をある目的のために「道具」としてみなすということも免れないことであろう。しかし人間存在は単なる「もの」ではない。カントの言う「人格」は人間が単なるものではなく高い人間としての尊厳性を持ったものであることを言っている。そういう尊厳性を常におのれのうちに持ち、また他人にも認めることによって、私たちははじめて人間関係の辛さ、危うさに耐えてゆけるのである。この表現はカントのそういう人間観をよくあらわしている。

カントは「徳」のある人、つまり善意志によって生きる人々が幸福に恵まれなければならないとした。福徳一致の思想である。徳のある人こそが福に恵まれなければいけないが、世のなかは必ずしもそうでない。しかしその「徳」を捨てては一切が崩壊する。カントの道徳哲学はエゴイズムに満ちたこの現実にあって、人間性に対する強い理想と憧憬を高く掲げる道徳の哲学であった。

二　動機主義と結果主義の教育

さて、ところで、このようなカントの道徳哲学の問題を教育、道徳教育の側面から見るとどのような見方が可能になるであろうか。主義という点から見ると、カントの道徳哲学はどうしても「動機主義」に傾く。つまり、内面の純粋性を尊ぶのである。このことは善意志の問題について述べたところを想起すれば納得できるだろう。いかに表面的につじつまのあった、一見、道徳のありようにかなった行動をとったとしても、それを導く内面が正しくないならばカントの道徳哲学はそれを評価しない。

これを子どもの場合にあてはめてみよう。教師はその子どもの表に現れた結果ではなく、その内面の成長を凝視するのである。これは道徳教育のありようとして評価できることであり、カントの道徳哲学を学んで私たちは子どもの内面をきちんと凝視することの大切さを知ることができる。

しかし一方、カントの内面の純粋性を重視する態度はそれが外れた場合の不寛容さというものも持ち合わせている。それは東洋の哲学である朱子学に通じるものがある。つまりカントの道徳哲学は朱子学的なのである。結果を急いだり重視したりする人にとってはカントの哲学はなじみにくいものになるだろう。

「動機主義」に対しては「結果主義」というものがある。表に現れた結果によって評価するのである。つまり数値的、可視的に行為を評価しようとするのである。現代の学校は偏差値重視の体制に流れやすすくなっているが、その意味では偏差値的傾向とも言えるであろう。お母さんを何回手伝ったか、早起きを何回実行できたか等、子どもが結果において自己を評価する材料は日常生活に事欠かないであろう。そしてそのことによって子どもが励まされるということも多い。カント的にみれば、お手伝いをすればお菓子をもらえる、お駄賃をくれるということでするならば、決して評価されないのだけれども、これを習慣づけにおいて有用とみる教師もいるだろう。道徳教育においても、あまりにも最初から原理、原則を強要してはかえって発展を妨げるという見方もあり、「動機」が「不純」であっても、まず習慣づけからという主張もあるかも知れない。

このように道徳性を発展させる原理として動機主義によるか結果主義によるかという論争があるわけである。カント哲学はこのような問題を考えるための格好の素材を私たちに提供してくれるのである。いずれにしても、私たちはカントの道徳哲学から、人間性への厳しい凝視と、また、人間性への高い信頼と、この二つを二つながらに認めることができよう。そして、それは私たちが教師として教壇に立ってゆくときの貴重な一里塚としての役割を果たしうるであろう。

■ 本章の要点と課題

① カントの三批判書『純粋理性批判』『実践理性批判』『判断力批判』。このうち、『実践理性批判』はカントの道徳哲学の中心であるが、『道徳形而上学原論』とともに、カントの道徳哲学を理解するための書である。

② カントは何かの手段のためになされるところの行為は、それが表面上、どんなに慈愛や博愛に満ちたものであっても、「善意志」にそぐわないものとして否定した。
③ すなわち、カントの道徳哲学の根底にあるのは「善意志」の思想である。
④ この善意志を表現したものとして定言命法がある。
⑤ カントは徳あるものが幸福であるべきこと、福徳一致の思想を主張した。
⑥ 教育には動機主義と結果主義の二つの思想がありうる。

■注

第七章の参考文献であげた福村出版『道徳教育21の問い』の七章に「ひとはどのように行動すべきか」という章があって、カントの実践哲学があげられている。

■学習を深めるための参考文献

① 『純粋理性批判』『実践理性批判』『判断力批判』『道徳形而上学原論』等、カントの主要著作は岩波文庫におさめられている。学生が原書を直接、手にするにはてごろである。
② 小牧治『カント』センチュリーブックス（清水書院）。カントの思想内容を適切に解説してある。カント入門として推奨できる。

第九章　プラグマティズムの思想と道徳教育

一　アメリカ的なるものと日本的なるもの

プラグマティズム（pragmatism）はアメリカに展開した哲学を言う。実用主義とも訳されるが、現在はそのままプラグマティズムと呼んでいる。チャールズ・サンダース・パース（Charles Sanders Peirce 一八三九―一九一四）、ウィリアム・ジェイムズ（William James 一八四二―一九一〇）やジョン・デューイ（John Dewey 一八五九―一九五二）を代表的な思想家とするが、本章では後二人の著作を取り上げ、道徳教育との関連を考えてゆきたい。プラグマティズムという名称は「行為」を意味するギリシア語の prāgma に由来し、パースがみずからの認識論にそのように名づけたものであるが、そこにはアメリカの歴史や文化の特性が反映していると考えてよいだろう。

つまりここでアメリカ的思考ということについて考えておきたいのである。一六二〇年、ピルグリム・ファーザーズが北アメリカにわたってきたことによってアメリカ開拓の歴史が始まる。原住民との数々の葛藤は西部劇に象徴されているわけだが、その根底にあるのは「自助」の精神である。つまり他者に依存するのでなく、みずからの努力によってのみ人生は開かれるという思想である。そのために技術がある。従って国家というものも漠然と与えられたものでなく、自分たちが「つくってゆく」ものなのである。一九六三年に暗殺されたＪ・Ｆ・ケネディ（John Fitzgerald Kennedy　一九一七―六三）大統領の就任演説のなかで国民に呼びかけて、国家が何をしてくれるかを問うなかれ、君たちが国家に何をなしうるかを問いたまえ、というくだりがあったが、アメリカの精神の根本をよくいいあてているものと言えるだろう。努力し続けてのみ人間関係や国家がはじめて維持されるのだという考えのもとでは、一面において常に「敵」をつくり出すという情念の危険がないとも言えず、アメリカの「戦争志向」というのも根底にはそういう伝統からくるものがあると言える。

それはともかく、こうした文化のなかでは「言葉」も重視されるわけである。意思は明確に表明されなければならない。言葉に出されてはじめて存在というものが承認される。人間関係において仲が進展すればするほどに言葉がコミュニケーションの中核として重要になるわけである。言葉が存在の鍵なのである。

こういうふうに見てくると、それは私たち日本社会の伝統とかなり違うことがわかる。日本人にとって、例えば国家というものは「すでにあったもの」であった。また日本人には異民族との葛藤のなかで国家をつくり出してきたという歴史的経験もなかった。記紀の国生み神話にも見られるように国家はまったく自然的に発生しており、それは人間の意志と葛藤によってつくられたものではない。こういう文化のもとでは国家とか人生とかがどうしても受身的なとらえ方をされる傾向があり、それは方丈記の人生観に象徴されているものであろう。

人間関係についても、ちょうどアメリカ的なものとは逆で、私たちは人間関係が深まれば深まるほど、むしろ言葉は不要になるという観念を背景に持っている。夫婦関係においてもしかり。仲のよい夫婦は言葉などは必要としないのだという考えは私たちにとって割合自然に受け入れられる道理である。従って、私たちの社会では、個人的な突出というものはどちらかといえば否定され、集団的にまとまることが奨励されたのである。日本の社会を長く維持してきた力のみなもととしての終身雇用や年功序列といった企業の制度もそうした文化的背景を持っている。

教育についても、私たちの社会は個人的な突出を好まない。みなが平均的に伸びればよしとするわけで、大切なのは集団的な統一性である。前にも述べたが、日本の学校教育は集団教育が基本なのであって、集団から外れたような行動は奨励されないし、道徳の指導要領の精神も根本にはこの姿勢がある。従って、個人的に突出するような行動をとる子ども、集団になじみにくい子どもは生きにくい社会なのである。

ここで例をあげれば、そういう日本的な集団性にどうしてもなじめず、とうとう日本の高校を卒業しないまま渡米し、むしろそこで生き生きと自分の個性を開花させた子どももいた。また、これは新聞の投書の例なのであるが、小学校四年生の子どもで「加藤」という子どもがいた。しかしその子は担任から名前を「かとう」と書くように指導されたのである。なぜかと言えば、「藤」というのは四年生で習っていない漢字であり、みなが読めないからというのであった。画一主義を地でゆく好例であろう。

こういう社会ではそれゆえ未知への冒険は好まれない。確実な基礎計算の鍛錬はできるが、未知への発想はあまり好まれないのである。石橋を叩いて渡るというわけである。ノーベル物理学賞受賞者の江崎玲於奈博士の話に、博士の経験として、アメリカと日本の学生を比較したものがある。それはアメリカの学生は基礎計算は日本の学生に劣るが、未知への発想力は豊かだというのである。それに対して、日本の学生は基礎計算はしっかりやるが、未知への発想が貧しいというのである。ひとつの典型として私たちが考える価値のある提言であろう。

二　プラグマティズムの基本思想

プラグマティズムの思想は以上述べたようなアメリカの文化的伝統の上に立っているのである。ジェイムズの著作に『プラグマティズム』（岩波文庫）というものがあるが、これはいわばカント的な思想（ドイツ的合理論）を観念論として否定し、日常における人間の具体的な経験と行動を重視し、そのなかにおいてのみ思想の真理性、有用性を認めようというのである。ジェイムズにはカント的な思想は非現実的で抽象的なものと見えた。思想は現実に有用なものとして作用し、現実と自己を改革してゆくようなものでなくてはいけない。従って、唯一の真理などというものはなく、真理は多元的であり、また真理はそういう行動の過程のなかでそのつど実証されてゆくものである。私たちは『プラグマティズム』からジェイムズの次の表現を味わっておこう。

　真理の真理性は、事実において、ひとつの出来事、ひとつの過程たるにある。すなわち、真理が自己みずからを真理となしていく過程、真理の真理化の過程たるにある。真理の効力とは真理の効力化の過程なのである。

「真理」というものが決して不動の静的なものでなくて、絶えずそれに向かって実現されるべき「過程」のうちにのみあるのだとしている。ここにはものごとを不断の動的な展開のなかにその本質を見ようとする心が躍動しているということがわかる。また、次の表現も注目しておきたい。

　合理論にとっては、実在は永遠の昔から出来上がっている完全なものであるのに、プラグマティズムにとっては、実在はなお形成中のもので、その相貌の仕上げを未来に期待している。……一方において、宇宙は絶対的に安定しているが、他方においては、宇宙はなお冒険を追及しつつある。

まず最初に思い出していただきたいのは、真の思想を所有するということは、いついかなる場合でも、行為のための貴重な道具を所有していることだということである。

「実在」を「真理」という語に置き換えてもよい。ここにはアリストテレス的な整合的な世界観が否定されていて、世界が常に動の世界であることが主張されているのである。興味深いのであるが、このように世界を整合的・絶対的なものとしてとらえるのではなくて、常にダイナミックな律動のうちにとらえようとするのは、東洋哲学においても、朱子学に対する批判としての実学の展開のなかにみられたことであった。それは朝鮮の近世哲学の展開のなかにもあり、中国の展開のなかにもあった。それは要するに、古い社会や制度が崩れ、新しい近代の槌音が響いてくることともみあっていたのだが、日本近世の展開をみると、すでに一七世紀に、やはり朱子学の批判としての古学思想の展開のなかにみられたことをここで注目しておこう。山鹿素行(一六二二―八五)、伊藤仁斎(一六二七―一七〇五)、荻生徂徠(一六六八―一七二八)といった人々がそれである。彼らの思想について次に素描を試みておく。

三 日本の古学思想

例えば、素行は「人欲」ということについて、その固定的な見方を排し、そもそも善悪の固定的・観念的な見方を否定して、それは動き出て初めて善悪が決するのであるから、むしろ心の制御が大切であるとして、朱子学的な固定的・観念的な善悪観を斥けた。

仁斎もまた世界観について言及し、理というような抽象的な実在があるのではなく、この世界は動的な気のみがあるのだとした。理があるとすればそれは「気中の条理」である。つまり気があって理があり、気のなかにのみ理があるとするのである。仁についてもその固定的実在を否定した。そのような先天的なものとして仁が人間にあるのでなく、ただ道徳的努力のうちにのみ達成されるのである。

徂徠もまた抽象的な仁の実在を否定し、むしろ人間の気質ということを強調している。ここで言う気質というのはその人の本来の持ち前、個性のようなものである。朱子学的な厳しい努力、あたかも人間改造のような響きのある「克己復礼」というような道徳的要求ではなくて、自由にその人の持ち味を伸ばすことこそ大切なのである。これはきわめて近代的な香りのする人間観であった。

四　デューイの教育観

このような古学の思想家の主張はプラグマティズムの述べるところに通うものがあることが納得されるだろう。そして、朱子学的論理がまたカントの論理に通うものがあることも改めて納得されるだろう。リゴリズム（rigorism）というのはまさにこれらの思想に付せられた名称であった。

さて、デューイは『哲学の改造』（岩波文庫）のなかで次のように述べている。

悪い人間というのは、今まで善であったにせよ、現に堕落し始めている人間、善が減り始めている人間のことである。善い人間というのは、今まで道徳的に無価値であったにせよ、善くなる方向に動いている人間のことである。私たちは、こういう考え方によって、自分を裁くのに厳格になり、他人を裁くのに人間的になる。これは固定した目的への接近の程度に基づく判断につきものの傲慢を排除するものである。

これを読むと、私たちは彼の言説が今見た古学の思想家たちの言説に相似していることに気がつくのではないだろうか。そして、この最後の「私たちは」以下のデューイの陳述が、私たちが道徳教育の問題を考えるときの材料として示唆を与えてくれるであろう。ここにもまた、善悪を固定的・確定的に考えるのではなくして、動的に考えようとする思考が動いている。

善悪は人の努力、不努力の過程によるという考えは、人を長いものさしの上において評価しようという考えであり、何か絶対的な基準を押し立てて、それとの絶対的対比で人を評価しようという考えとは異なる。繰り返せば、朱子学的思考には「仁」の先見的実在を訴えることによってこの傾向があり、カント哲学もまた「善意志」の厳しさを訴えることによって、人の行為を多角的視点から見切ることのできない弱みがあった。人の弱さ、醜さに結果的に厳しくなるのである。

一九一九年はデューイにとってアジア訪問の年であった。同年二月九日に夫人とともに来日し、しばらくの間、日本に滞在した。そして二月二五日から三月二一日までの間、計八回にわたって、東京帝国大学を会場にして連続講演を行ったのであるが、その内容をまとめたものが前掲の『哲学の改造』である。

この書は西洋哲学の歴史の案内を見事に果たしている。西洋哲学の世界観をアリストテレス以来の歴史のなかから掘り起こし、彼みずからの世界観、人間観へと論じていく手際が実に見事なのであるが、そこにも説かれていることは、世界や真理というものを抽象的・絶対的な体系のなかに押し込めず、動的な歴史の展開のなかでとらえようとする考え方である。デューイはこのあと北京へ移動し、滞在は一九二一年七月まで及んだ。

デューイの教育観の背景にはそのような彼の哲学的世界観がしっかりとあり、また彼によれば、教育の根底には哲学がなければならないのであった。

そのデューイの教育論の代表的な書物と言えるものが『民主主義と教育』（一九一六）である。もともとデューイには学校教育に対する深い関心がある。一八九四年にシカゴ大学に赴任して学部長になったとき、彼はそこに「実験学校」を創設したのである。デューイスクールと呼ばれるものである。彼によれば、教育学は単なる一方的な知識の集積で事足りるものでなくて、化学や物理学同様、まさしく実験科学なのである。理論が実践のなかで検証され、それが再び理論の構築へと向かう試みでなければならない。

それはエミール・デュルケム（Émile Durkheim　一八五八―一九一七）が『道徳教育論』のなかで論じていることを彷彿とさせるだろう。彼は道徳教育というものを伝統的な宗教の呪縛から解放しようとした。これは道徳教育、学校教育というものを近代化してゆく上において大切な提言であった。そこで彼は教育学を「技術と科学」の中間に置き、教育学が実践を導く役割を果たすとともに、それが実践（経験）にとってかわって、「レディメイドの処方箋」の役割に安住することを警戒していた。つまり教育学は常に実践のなかにあって実践を導きながら実践によって検証されねばならないとするのであるが、このことはデューイの場合においてもまったくあてはまるものである。実践の場こそが重要である。それが彼の「実験学校」であった。その記録がのちに刊行された『学校と社会』（一八九九）である。

教育におけるデューイの考えの要点を整理しておきたいのであるが、教育は文化の継承であり、またその絶えざる創造の過程であるということである。子どもはある社会のなかで生まれ、成長してゆく。成長してゆくということは彼の生の土壌である文化を吸収し育ってゆくということであり、この文化の継続性、連続性のなかに子どもの存在があるのである。しかし同時に、子どもは新しい文化の創造者であるべきである。子どもは単なる継承者ではなく、新しい文化をつくってゆく創造者であるべきである。創造の前提に批判能力が要求されるなら、彼は社会や伝統の健全な批判者でなければならない。継承と批判、創造。そのような能力はそれならどのようにして可能となるのであろうか。

それは単に一方的な知識の注入によっては可能にならない。重要なのは経験であり体験である。彼を取り巻く環境は時々刻々変わってゆくが、そういう環境に適応しうる能力のなかで彼は既存の知識の意味を検証し、またその知識を乗り越えてゆくのである。そういう子どもの活動は労働でも鍛錬でもなく、生き生きとした生の活動であった。このように論ずるデューイはまた、子どもの協同活動を重視した。羊毛や綿花から糸をつむぎだして服をつくってみるというのもそれであった。布地から服をつくるという活動のなかで、子どもは事物についての科学的思考を発見することができるし、そこに人間の歴史的営みの進歩も実感することができる。自然に働きかける人間の知恵の体験であり、またそのことによって協同の活動の喜びを知ることもできるだろう。デューイは民主主義の要点はみなが自立した個人としてこの協同性のなかに生きることをあげたのであり、公共的人格の形成こそまた彼の教育の要点でもあった。

■ 本章の要点と課題

① アメリカ的思考の根本には「自助」の精神がある。社会も国家も人間の努力によってつくられるもの。そういう社会では、意思は言葉によって表現されるから、沈黙に価値は置かれない。人間関係はその仲が進展すればするほどに言葉の重要性が認識される。

② 日本的思考の根本には「国家」とか「社会」はすでにあったものであるという受身の感覚がある。そういう社会では全体が個人に優先し、突出した言葉は忌避される。人間関係はその仲が進展すればするほ

どに沈黙が価値を持つようになる。

③ プラグマティズムは思想の価値を常に行動のなかで検証する。価値と結果をもたらさない思想は意味を持たない。善悪も固定的に考えない。

④ 日本近世の古学の思想はプラグマティズムの思想傾向を先取りする思想が展開されていた。

⑤ デューイは教育について、理論と実践の相互検証を主張した。また体験のなかで子どもが真理を学び、協同の喜びを知ることを主張した。

■ 注

前掲の『道徳教育21の問い』八章では「なぜ道徳は必要なのだろうか」という題目で「英米の功利主義思想」が論じられている。アメリカのプラグマティズムは功利主義の展開の延長上にあり参考となるであろう。また同書のその次の九章は「日本人にとって道徳とは何であったのか」として日本の儒教哲学についても触れられている。

なお本章の古学についての叙述は丸山眞男『日本政治思想史研究』（東京大学出版会）を参照したものであるが、この書もまた参考とするにたるものである。

■ 学習を深めるための参考文献

① J・デューイ著、清水幾太郎・清水禮子訳『哲学の改造』、W・ジェイムズ著、桝田啓三郎訳『プラグマティズム』はいずれも岩波文庫に訳書あり。哲学、倫理学の要点を知るためにも推奨できる。また岩波文庫にはデューイの『学校と社会』もおさめられている。

② アメリカ文化やアメリカ人の感覚については、猿谷要の『アメリカよ、美しく年をとれ』『西部開拓史』（いずれも岩波新書）などが参考となるであろう。

第一〇章　大乗仏教の思想と道徳教育

一　仏教の根本思想

仏教は儒教と並んで東アジアの重要な思想的財産である。日本文化のなかにも仏教の思想が思想的・情緒的に深く入り込んでいることは自明で、従って、私たちがこの日本の風土のなかで道徳教育を考えるとき、この仏教の思想の根本、仏教が私たちに与える感性について無視していいはずはない。

本章では「大乗仏教」という題目をあげているが、大乗仏教というのは、釈迦が亡くなってから、その継承をめぐって様々な部派に分裂していく過程のなかで、出家者中心の仏教に対して、庶民の救いを含めた革新運動というものが起こり、多くの経典が編纂されていったその過程で生まれてきたものである。この流れを含むものを大乗仏教と呼んでいる。それは中国、朝鮮から日本に至る地域に展開したものである。

「大乗」というのは「おおきな乗り物」という意味で、それは大乗仏教の小乗仏教に対する優越的な感覚が含まれているものであるが、私たちはこれを優劣の感覚でとらえるべきではないだろう。いずれにしても、大乗仏教では積極的な社会性と利他性が重要な性格の中心をなしている。日本仏教の流れのなかにもこの側面は強いのであって、この線に沿って私たちは道徳教育との関連を考えることができるだろう。

ところで釈迦在世の時代の仏教を原始仏教とも根本仏教とも言うのであるが、私たちはそもそも仏教の根本の思惟傾向をこの点において考えておくべきである。

「人生は苦である」というのが釈迦がとらえた人生の根本問題であった。「苦・集・滅・道」の「四諦」の説にそれが現れている。苦とは何か。これを分けて言えば、生老病死の四苦に愛別離苦、怨憎会苦、求不得苦、五蘊盛苦を合わせて八苦があげられるのであるが、これらを見てもわかるように、釈迦が言わんとするところの苦とは、人生の過程のなかにつきまとってくる人間の生存そのものの不条理を言っているのである。これが苦諦である。

その原因が人間の欲望、煩悩にあることを集諦は説く。煩悩とはあらゆるものに執着する心である。これあるがゆえに人間の苦しみが絶えないことを釈迦は説いた。これが集諦である。

そしてその煩悩を脱したところに絶対安住の悟りの境地というものが開ける。涅槃である。ここでは煩悩の火がかき消され、迷いの根本から断ち切られた安らかな平和な心境がおとずれるのである。これが滅諦である。

それなら私たちはどのような道をたどればよいのか。それを示したものが道諦であるが、正見、正思、正語、正業、正命、正精進、正念、正定を八聖道として示したのである。

釈迦が発明した人生観の根本であるところの苦の見方には、あらゆるものは無常であり実体がないという諸行無常、諸法無我の考え方があるから、正見というのは、その人生の真相をしっかりと見抜くことで、以下、その具体的な実践の方法を説いたのであるが、最後に正定を説いて、禅定ということがいかに重要なものであるかを示したのであった。

先の諸法無我というのは、この世のあらゆる存在がそれ自身の力で存在していることはないという人生の真相（あるいは深層）を喝破した言葉なのであるが、それは要するに「縁起」という考え方に通じてゆく。あらゆる存在が持ちつ持たれつである、あるいは相依《そうえ》相関《そうかん》の関係にあるというのが縁起の思想の根本である。のちに大乗仏教は空観の思想を体系化していったが、この空の思想も根本は縁起の考え方から発しているのである。[1]

日本仏教について考えてみると、奈良時代の国家仏教、学問仏教、貴族中心の仏教から、特に鎌倉時代の新仏教に至って、仏教は民衆性を一段と強めていったのである。すでに聖徳太子は勝鬘経、維摩経、法華経を注して『三経義疏』を著し、在家を重視し、日常生活に即した真俗一貫の姿勢を示していた。最澄の天台宗、空海の真言宗によって日本仏教の性格はさらに強調されたが、仏教の持つ民衆性、社会性は鎌倉時代の新仏教や日蓮によって徹底されたと言える。[2]

二　道徳教育への指針

おおよそこれだけのことを理解した上で、私たちは仏教が道徳教育を導くてがかりとしてどのような指針を与えてくれるかを考えたいと思う。それはおよそ三つの問題にわたっている。

(一) 人間観

まず人間観についてであるが、人間は煩悩の存在であり、人生は苦であるという考えが仏教にあったことはすでに理解したが、こうした考えの根底には人間存在に対する優しい眼差しがあることに人は気づくだろう。優しい眼差しとは何だろうか。それは、人間は弱いもの、決して強い存在ではないということだ。いや、人間も強い面ももちろん持っている。しかし、人間は力の強いものの前に立てば、ややもするとしおれてしまい、おべっかを使ってしまい、そして、名誉やお金をちらつかされれば、つい自分の意思をまげてしまいがちだし、裏切りもするのだ。そういう弱い存在の一面を持っていることを仏教は優しく包摂するのである。確かに困難のなかにあってもくじけない人々は多くあり、そういう人々の存在を私たちは知っているのだが、それだけで人間の現実を説明できないのである。人が人に対して思いやりを持ち、ともに生きていけるという喜びはそういう人間の弱さをも包み込んでの上のことであることを私たちは仏教から学ぶ。指導要領のなかに（中学校）、「人間には弱さや醜さを克服する強さや気高さがあることを信じて、人間として生きることに喜びを見いだすように努める」という項目があり、それを解説して次のように言っている。

ありのままの人間は、決して完全なものではない。人間は、総体として弱さはもっているが、それを乗り超え次に向かって行くところに素晴らしさがある。ときとして様々な誘惑に負け、易きに流れることもあるが、だれもがもつ良心によって悩み、苦しみ、良心の責めと戦いながら、呵責に耐えきれない自分の存在を深く意識するようになる。そして、人間として生きることへの喜びや人間の行為の美しさに気付いたとき、人間は強く、また、気高い存在になりうるのである。

このように述べられているが、これは人間の持つ弱さを包摂してこその叙述であることを私たちは忘れてはならない。鎌倉仏教の祖師たち、法然（一一三三―一二一二）も親鸞（一一七三―一二六二）も、あの未曾有の戦乱と昏迷の時代にあって、戦禍のなかに漂う民衆の苦悩をみずから背負い、人間の煩悩に対して限りない洞察と包容力を持った人たちであった。

このことについては、吉野源三郎の『君たちはどう生きるか』（岩波文庫）を一読することを勧めておきたい。「コペル君」の愛称で登場する少年と、親戚のおじさんとの交換書簡のかたちで進められるものであるが、そのなかで、自分の臆病のために、固く約束した仲間の絆を破り、いじめられる仲間を傍観せざるをえなかったシーンが描かれている。コペル君は激しく後悔する。彼にとっては「死にたい」「消えてしまいたい」と思うほどの苦しみを経験する。彼はそれをどのように乗り切ったのであろうか。ぜひ一読し、道徳教育の教材としても考えてもらいたいところである。

(二) 無常観

二つには無常観についてである。仏教は無常観を説くが、この背後には縁起の思想があることもすでに述べた通りである。これはすべての存在は相依り相かかわり合うことによって自分の存在を維持しているということであり、人間が自分だけの力の傲慢に陥ることを戒めるのである。

あらゆる存在は「縁」あってこの世に生まれ、様々な人との関係のなかに生まれ、そして、成長してゆくということ、これも具体的にどれをあげるということでなく、指導要領にあげられるあらゆる項目に通じる姿勢であって、仏教のこの思想に照らして私たちはこれらの項目を見ておきたいのである。

それからなお大切なことであるが、無常観というと、私たちはどうしても何か消極的な諦め的な生き方を考えやすい。しかし、大乗仏教において一層そうなのであるが、仏教はこの世の無常を観ずるからといって、人生に対して消極的になれなどと勧めているわけではない。世のなかを放棄せよと言っているのではない。そもそも大乗仏教の菩薩道は小さな自我へのとらわれから脱して、人と世に対して前向きに働きかけるそのような利他道そのものに通じるのである。それが菩薩の道である。無常観は自我への小さなこだわりを否定するが、より一層大きな地平への飛躍を促すのである。釈迦の精神もそもそもそこにあったことを私たちは知りたいのである。

(三)　社会的性格

そうしてみれば、その次に、仏教が本来持つ社会的性格が出てくることを理解できるだろう。仏教における社会的性格とはすなわち利他道のことである。他者への奉仕である。それこそ仏教が人と世に関わる最も重要な力の根源であった。

指導要領の四つの区分はすでに学んだところだが、その四番目は「主として集団や社会とのかかわりに関すること」であった。これは道徳性の気構えが積極的に社会と関わるべきことを言っているのである。ただ言うまでもなく、それが自己の属する集団の仲間意識だけに固まってエゴイズムになってはいけないことむろんである。自己の民族や国への愛は人類的な視野に開けていかなくてはいけない。それが例えば「日本人としての自覚をもって国を愛し、国家の発展に努めるとともに、優れた伝統の継承と新しい文化の創造に貢献する」「世界の中の日本人としての自覚をもち、国際的視野に立って、世界の平和と人類の幸福に貢献する」に込められた意味であるだろう。

いずれにしても、仏教はそこに必然的に社会性への気構えを見せている。堂塔のなかに閉じこもることは仏教がその究極の願いとすることではない。そして社会性、他者への奉仕の精神は、指導要領においてもボランティアの推奨としてあげられている。仏教の長い伝統を持ちながら、特に近現代の日本人はこのボランティアについてやや怠り勝ちであったのではないか。そのことの覚醒を指導要領は促しているのである。

ボランティアというのは顔を見知っている仲間同士の助け合いのことではない。見知らぬ人への奉仕である。それをなしうるのは人間としての共生の思いがなくしてできることではない。それは仏教の持つ本来の利他道から導かれるものでもある。

しかし、そうしてみると、これは仏教だけのことではなく、広く宗教というものの持つ力であるかも知れない。

日本史を顧みても、宗教者が民衆の福祉に一身を捧げた歴史にはみるべきものが多い。古くは聖武天皇の皇后であった光明皇后（七〇一―七六〇）の例が有名であるが、皇后は仏教信仰に厚く、悲田院、施薬院などの施設は我が国社会救済事業の嚆矢《こうし》としても特筆されるべきものであろう。

仏教者による社会事業への貢献は近代以降にも多くの足跡を残しているのである。大乗淑徳学園の創始者である長谷川良信（一八九〇―一九六六）もまた近代社会事業に大きな足跡を残した人である。『長谷川良信選集』上・下二巻（長谷川仏教文化研究所、一九七三）がある。

「捨身」というのは必ずしも仏教専用の言葉とは言えないけれども、これらの人々の人生のなかに、私たちは文字通り「捨身」の輝きを見出すことができる。それゆえ、このような人々の人生を紹介することは道徳教育の上に大きな人間的効果をもたらすであろう。
さらにここで基督者としての二人の人物を紹介しておきたい。

三　蟻の町のマリア・北原怜子

ひとりは北原怜子《きたはらさとこ》（一九二九―五八）である。「蟻の町のマリア」とも呼ばれるようになった人だが、太平洋戦争の終わったあとの隅田川の川沿いにあった「蟻の町」と呼ばれる貧しい人々の部落に入り、彼らと生活をともにし、若い命を終えた人である。

彼女は群馬大学教授で農学博士であった北原金二の娘として生まれた。一九四九年に光塩女子学院で受洗している。洗礼名はエリザベスであった。翌五〇年、浅草に転居したのであるが、そのとき、彼女の前に現れたのが「ゼノ神父」と呼ばれたカトリックの修道士であった。「蟻の町」の所在を訪ねて彼女の前に現れたのである。神父と一緒にその町（部落）を訪ねた彼女の前に現れたのは、困苦のなかで生活する人々の姿であった。そこから彼女の奉仕活動が始まった。

当時、大学教授の娘といえば良家の令嬢と目されるのはやむをえないことで、最初は良家のお嬢さんの気まぐれとみなされて部落の人々の眼差しにも冷ややかなものがあったという。しかし、子どもたちの勉強の手伝い、一緒にリヤカーを引きながらのくず集めなど、その全身全霊の行動はやがて人々の心を動かした。しかし慣れない労働は彼女の健康を蝕み、ついに彼女は帰らぬ人となったが、亡くなったのは、移り住んだ部落のなかにつくられた彼女の部屋であった。

この部落のなかにカトリックの教会も建てられたが、その流れを引くのが、現在のカトリック潮見教会である。彼女の生涯については、自身、この部落の住民であった松居桃楼の『アリの町のマリア北原怜子』(春秋社、一九九八)に詳しい。

四　マザー・テレサの献身

もうひとりは、ノーベル平和賞も受賞したマザー・テレサ(一九一〇―九七)である。

マケドニアの信仰深い家庭に生まれたが、一九二九年、一九歳のときにインドのカルカッタに到着した。ロレート修道会に所属したが、閉ざされた安全なテリトリーのなかでの教師としての仕事はしだいに彼女には満たされないものとなっていった。「何か違う」という潜在的な感情が静かな波のように押し寄せてくるのだった。

一九四六年九月一〇日、ダージリンにある修道会での黙想の行に入るために乗った蒸し暑い夜汽車のなかで、シスター・テレサの心の耳に響いてきたのが「修道会を出よ、貧しい人々とともにいよ」という神の声である。

このあとの彼女の行動はよく知られているだろう。たったひとりでスラム街に入ってゆき、無私の奉仕活動が始まる。彼女の行為は同士をひとりまたひとりと生み、その活動は大きなものになってゆく。結局、彼女がこの困難に満ちたインドの社会で果たしたことは、誰からも顧みられず、道路に横たわる死の寸前の人々を収容して、僅かな慰めを与えて送ることであった。

人によっては、北原怜子についても、マザー・テレサについても、砂漠に水をまくようなものではないかと言うかも知れない。何の社会の改革にもならないと。人々の貧困と困難の原因は社会構造の矛盾にあるのだから、その社会を改革することなくしては、ただの途方もない努力にしか過ぎないのではないかと。そういう批判の声も聞こえてきそうである。政治や革命こそ貧しい人々を救う道であると。

私たちはそのことをよく考えておこう。今は簡単に二人の生涯をスケッチしたに過ぎないのだが、道徳的資質の根本にあるものは何か。それは無償性、効果と結果の保証を求めることのない無償の奉仕の精神にあると言えるのではないだろうか。

仏教者の例も含めて、およそ「捨身」の行為のなかに見られるものは、自分自身のために何かをするという気持ちのきわめて少ないことである。彼女らの行為のひとつひとつに、おそらく、ああこれで自分の気持ちは満足したとか、これだけ奉仕したとか、これだけ効果をあげたとか、そういう部分はほとんど皆無であったろう。そういうことならば、実は長続きしない。つまり彼らにあっては、それらの行為が何かの目的のための手段なのではなくして、自然そのものなのである。カントは博愛の偽善性を否定した。しかし、「捨身」の行為の人々のなかに、私たちは博愛の偽善性など微塵もないことを知るであろう。道徳性の究極の輝きがここにある。

■ 本章の要点と課題

① 仏教は無常観、縁起の思想を根本に持つ。それは自己の存在に過度に執着しないことを教えるし、また、翻って、自分を取り巻くすべての存在との共生を志向する。

③ 日本史のなかでの仏教思想から発した社会事業を学ぶ必要がある。鎌倉新仏教の祖師たちの民衆性を学ぶ必要のあること。「捨身」は仏教のみならず、まことの宗教者のキーワードであること。

④ 北原怜子やマザー・テレサの生き方のなかには他者への奉仕がほとんど自然の行為として輝いていること。カントのエゴイズムの問題はここにどのように展開してくるかを考えること。

■ 注

1　釈迦の教えがその原始のかたちで簡明に記されたものとして『法句経』(ダンマパダ)が知られている。岩波文庫に所収。

2　日本仏教の通史として辻善之助の『日本佛教史』(岩波書店)の大著があるが、第四章であげた和辻哲郎の著作も参考となるであろう。『日本倫理思想史』(岩波書店)ほか。岩波書店に全集あり。

■ 学習を深めるための参考文献

仏教の基本的な思想を知るには良書がたくさんある。ひろさちやの一連の書物は仏教思想の啓蒙書として推奨できるもので、『はじめての仏教—その成立と発展—』(中公文庫)などがあげられる。また高神覚昇の『般若心経講義』(角川文庫)、鎌田茂雄の『維摩経講話』『観音経講話』(いずれも講談社学術文庫)などは個別の経典についての啓蒙書であるが、仏教の根本の心をよく伝えていて推奨できるものである。また紀野一義の『いのちの風光—現代に生きる仏教—』『大悲風の如く—現代に生きる仏教—』（いずれもちくま文庫）等も仏教の心を語ってわかりやすい。

資料

日本国憲法（抄）

（昭和二一・一一・三　施行　昭和二二・五・三）

日本国民は、正当に選挙された国会における代表者を通じて行動し、われらとわれらの子孫のために、諸国民との協和による成果と、わが国全土にわたつて自由のもたらす恵沢を確保し、政府の行為によつて再び戦争の惨禍が起ることのないやうにすることを決意し、ここに主権が国民に存することを宣言し、この憲法を確定する。そもそも国政は、国民の厳粛な信託によるものであつて、その権威は国民に由来し、その権力は国民の代表者がこれを行使し、その福利は国民がこれを享受する。これは人類普遍の原理であり、この憲法は、かかる原理に基くものである。われらは、これに反する一切の憲法、法令及び詔勅を排除する。

日本国民は、恒久の平和を念願し、人間相互の関係を支配する崇高な理想を深く自覚するのであつて、平和を愛する諸国民の公正と信義に信頼して、われらの安全と生存を保持しようと決意した。われらは、平和を維持し、専制と隷従、圧迫と偏狭を地上から永遠に除去しようと努めてゐる国際社会において、名誉ある地位を占めたいと思ふ。われらは、全世界の国民が、ひとしく恐怖と欠乏から免かれ、平和のうちに生存する権利を有することを確認する。

われらは、いづれの国家も、自国のことのみに専念して他国を無視してはならないのであつて、政治道徳の法則は、普遍的なものであり、この法則に従ふことは、自国の主権を維持し、他国と対等関係に立たうとする各国の責務であると信ずる。

日本国民は、国家の名誉にかけ、全力をあげてこの崇高な理想と目的を達成することを誓ふ。

第二章　戦争の放棄

第九条　日本国民は、正義と秩序を基調とする国際平和を誠実に希求し、国権の発動たる戦争と、武力による威嚇又は武力の行使は、国際紛争を解決する手段としては、永久にこれを放棄する。
○2　前項の目的を達するため、陸海空軍その他の戦力は、これを保持しない。国の交戦権は、これを認めない。

第三章　国民の権利及び義務

第一〇条　日本国民たる要件は、法律でこれを定める。
第一一条　国民は、すべての基本的人権の享有を妨げられない。この憲法が国民に保障する基本的人権は、侵すことのできない永久の権利として、現在及び将来の国民に与へられる。
第一二条　この憲法が国民に保障する自由及び権利は、国民の不断の努力によつて、これを保持しなければならない。又、国民は、これを濫用してはならないのであつて、常に公共の福祉のためにこれを利用する責任を負ふ。
第一三条　すべて国民は、個人として尊重される。生命、自由及び幸福追求に対する国民の権利については、公共の福祉に反しない限り、立法その他の国政の上で、最大の尊重を必要とする。

第一四条　すべて国民は、法の下に平等であつて、人種、信条、性別、社会的身分又は門地により、政治的、経済的又は社会的関係において、差別されない。
○2　華族その他の貴族の制度は、これを認めない。
○3　栄誉、勲章その他の栄典の授与は、いかなる特権も伴はない。栄典の授与は、現にこれを有し、又は将来これを受ける者の一代に限り、その効力を有する。

第一八条　何人も、いかなる奴隷的拘束も受けない。又、犯罪に因る処罰の場合を除いては、その意に反する苦役に服させられない。
第一九条　思想及び良心の自由は、これを侵してはならない。
第二〇条　信教の自由は、何人に対してもこれを保障する。いかなる宗教団体も、国から特権を受け、又は政治上の権力を行使してはならない。
○2　何人も、宗教上の行為、祝典、儀式又は行事に参加することを強制されない。
○3　国及びその機関は、宗教教育その他いかなる宗教的活動もしてはならない。
第二一条　集会、結社及び言論、出版その他一切の表現の自由は、これを保障する。
○2　検閲は、これをしてはならない。通信の秘密は、これを侵してはならない。
第二二条　何人も、公共の福祉に反しない限り、居住、移転及び職業選択の自由を有する。
○2　何人も、外国に移住し、又は国籍を離脱する自由を侵されない。
第二三条　学問の自由は、これを保障する。

第二四条　婚姻は、両性の合意のみに基いて成立し、夫婦が同等の権利を有することを基本として、相互の協力により、維持されなければならない。
○2　配偶者の選択、財産権、相続、住居の選定、離婚並びに婚姻及び家族に関するその他の事項に関しては、法律は、個人の尊厳と両性の本質的平等に立脚して、制定されなければならない。
第二五条　すべて国民は、健康で文化的な最低限度の生活を営む権利を有する。
○2　国は、すべての生活部面について、社会福祉、社会保障及び公衆衛生の向上及び増進に努めなければならない。
第二六条　すべて国民は、法律の定めるところにより、その能力に応じて、ひとしく教育を受ける権利を有する。
○2　すべて国民は、法律の定めるところにより、その保護する子女に普通教育を受けさせる義務を負ふ。義務教育は、これを無償とする。

教育基本法

（平成一八年一二月二二日法律第一二〇号）

教育基本法（昭和二二年法律第二五号）の全部を改正する。我々日本国民は、たゆまぬ努力によって築いてきた民主的で文化的な国家を更に発展させるとともに、世界の平和と人類の福祉の向上に貢献することを願うものである。我々は、この理想を実現するため、個人の尊厳を重んじ、真理と正義を希求し、公共の精神を尊び、豊かな人間性と創造性を備えた人間の育成を期するとともに、伝統を継承し、新しい文化の創造を目指す教育を推進する。ここに、我々は、日本国憲法の精神にのっとり、我が国の未来を切り拓く教育の基本を確立し、その振興を図るため、この法律を制定する。

第一章　教育の目的及び理念

（教育の目的）

第一条　教育は、人格の完成を目指し、平和で民主的な国家及び社会の形成者として必要な資質を備えた心身ともに健康な国民の育成を期して行われなければならない。

（教育の目標）

第二条　教育は、その目的を実現するため、学問の自由を尊重しつつ、次に掲げる目標を達成するよう行われるものとする。

一　幅広い知識と教養を身に付け、真理を求める態度を養い、豊かな情操と道徳心を培うとともに、健やかな身体を養うこと。

二　個人の価値を尊重して、その能力を伸ばし、創造性を培い、自主及び自律の精神を養うとともに、職業及び生活との関連を重視し、勤労を重んずる態度を養うこと。

三　正義と責任、男女の平等、自他の敬愛と協力を重んずるとともに、公共の精神に基づき、主体的に社会の形成に参画し、その発展に寄与する態度を養うこと。

四　生命を尊び、自然を大切にし、環境の保全に寄与する態度を養うこと。

五　伝統と文化を尊重し、それらをはぐくんできた我が国と郷土を愛するとともに、他国を尊重し、国際社会の平和と発展に寄与する態度を養うこと。

（生涯学習の理念）

第三条　国民一人一人が、自己の人格を磨き、豊かな人生を送ることができるよう、その生涯にわたって、あらゆる機会に、あらゆる場所において学習することができ、その成果を適切に生かすことのできる社会の実現が図られなければならない。

（教育の機会均等）

第四条　すべて国民は、ひとしく、その能力に応じた教育を受ける機会を与えられなければならず、人種、信条、性別、社会的身分、経済的地位又は門地によって、教育上差別されない。

2　国及び地方公共団体は、障害のある者が、その障害の状態に応じ、十分な教育を受けられるよう、教育上必要な支援を講じなければならない。

3　国及び地方公共団体は、能力があるにもかかわらず、経済的理由によって修学が困難な者に対して、奨学の措置を講じなければならない。

第二章　教育の実施に関する基本

（義務教育）

第五条　国民は、その保護する子に、別に法律で定めるところにより、普通教育を受けさせる義務を負う。

2　義務教育として行われる普通教育は、各個人の有する能力を伸ばしつつ社会において自立的に生きる基礎を培い、また、国家及び社会の形成者として必要とされる基本的な資質を養うことを目的として行われるものとする。

3　国及び地方公共団体は、義務教育の機会を保障し、その水準を確保するため、適切な役割分担及び相互の協力の下、その実施に責任を負う。

4　国又は地方公共団体の設置する学校における義務教育については、授業料を徴収しない。

（学校教育）

第六条　法律に定める学校は、公の性質を有するものであって、国、地方公共団体及び法律に定める法人のみが、これを設置することができる。

2　前項の学校においては、教育の目標が達成されるよう、教育を受ける者の心身の発達に応じて、体系的な教育が組織的に行われなければならない。この場合において、教育を受ける者が、学校生活を営む上で必要な規律を重んずるとともに、自ら進んで学習に取り組む意欲を高めることを重視して行われなければならない。

（大学）

第七条　大学は、学術の中心として、高い教養と専門的能力を培うとともに、深く真理を探究して新たな知見を創造し、これらの成果を広く社会に提供することにより、社会の発展に寄与するものとする。

2　大学については、自主性、自律性その他の大学における教育及び研究の特性が尊重されなければならない。

（私立学校）

第八条　私立学校の有する公の性質及び学校教育において果たす重要な役割にかんがみ、国及び地方公共団体は、その自主性を尊重しつつ、助成その他の適当な方法によって私立学校教育の振興に努めなければならない。

（教員）

第九条　法律に定める学校の教員は、自己の崇高な使命を深く自覚し、絶えず研究と修養に励み、その職責の遂行に努めなければならない。

2　前項の教員については、その使命と職責の重要性にかんがみ、その身分は尊重され、待遇の適正が期せられるとともに、養成と研修の充実が図られなければならない。

（家庭教育）

第一〇条　父母その他の保護者は、子の教育について第一義的責任を有するものであって、生活のために必要な習慣を身に付けさせるとともに、自立心を育成し、心身の調和のとれた発達を図るよう努めるものとする。

2　国及び地方公共団体は、家庭教育の自主性を尊重しつつ、保護者に対する学習の機会及び情報の提供その他の家庭教育を支援するために必要な施策を講ずるよう努めなければならない。

（幼児期の教育）

第一一条　幼児期の教育は、生涯にわたる人格形成の基礎を培う重要なものであることにかんがみ、国及び地方公共団体は、幼児の健やかな成長に資する良好な環境の整備その他適当な方法によって、その振興に努めなければならない。

（社会教育）

第一二条　個人の要望や社会の要請にこたえ、社会において行われる教育は、国及び地方公共団体によって奨励されなければならない。

2　国及び地方公共団体は、図書館、博物館、公民館その他の社会教育施設の設置、学校の施設の利用、学習の機会及び情報の提供その他の適当な方法によって社会教育の振興に努めなければならない。

（学校、家庭及び地域住民等の相互の連携協力）

第一三条　学校、家庭及び地域住民その他の関係者は、教育におけるそれぞれの役割と責任を自覚するとともに、相互の連携及び協力に努めるものとする。

（政治教育）

第一四条　良識ある公民として必要な政治的教養は、教育上尊重されなければならない。

2　法律に定める学校は、特定の政党を支持し、又はこれに反対するための政治教育その他政治的活動をしてはならない。

（宗教教育）

第一五条　宗教に関する寛容の態度、宗教に関する一般的な教養及び宗教の社会生活における地位は、教育上尊重されなければならない。

2　国及び地方公共団体が設置する学校は、特定の宗教のための宗教教育その他宗教的活動をしてはならない。

第三章　教育行政

（教育行政）

第一六条　教育は、不当な支配に服することなく、この法律及び他の法律の定めるところにより行われるべきものであり、教育行政は、国と地方公共団体との適切な役割分担及び相互の協力の下、公正かつ適正に行われなければならない。

2　国は、全国的な教育の機会均等と教育水準の維持向上を図るため、教育に関する施策を総合的に策定し、実施しなければならない。

3　地方公共団体は、その地域における教育の振興を図るため、その実情に応じた教育に関する施策を策定し、実施しなければならない。

4　国及び地方公共団体は、教育が円滑かつ継続的に実施されるよう、必要な財政上の措置を講じなければならない。

（教育振興基本計画）

第一七条　政府は、教育の振興に関する施策の総合的かつ計画的な推進を図るため、教育の振興に関する施策についての基本的な方針及び講ずべき施策その他必要な事項について、基本的な計画を定め、これを国会に報告するとともに、公表しなければならない。

2　地方公共団体は、前項の計画を参酌し、その地域の実情に応じ、当該地方公共団体における教育の振興のための施策に関する基本的な計画を定めるよう努めなければならない。

第四章　法令の制定

第一八条　この法律に規定する諸条項を実施するため、必要な法令が制定されなければならない。

学校教育法（抄）

（昭和二二年三月三一日法律第二六号）
最終改正：平成二三年六月三日法律第六一号

第二章　義務教育

第二一条　義務教育として行われる普通教育は、教育基本法（平成一八年法律第一二〇号）第五条第二項に規定する目的を実現するため、次に掲げる目標を達成するよう行われるものとする。
一　学校内外における社会的活動を促進し、自主、自律及び協同の精神、規範意識、公正な判断力並びに公共の精神に基づき主体的に社会の形成に参画し、その発展に寄与する態度を養うこと。
二　学校内外における自然体験活動を促進し、生命及び自然を尊重する精神並びに環境の保全に寄与する態度を養うこと。
三　我が国と郷土の現状と歴史について、正しい理解に導き、伝統と文化を尊重し、それらをはぐくんできた我が国と郷土を愛する態度を養うとともに、進んで外国の文化の理解を通じて、他国を尊重し、国際社会の平和と発展に寄与する態度を養うこと。
四　家族と家庭の役割、生活に必要な衣、食、住、情報、産業その他の事項について基礎的な理解と技能を養うこと。

五　読書に親しませ、生活に必要な国語を正しく理解し、使用する基礎的な能力を養うこと。

六　生活に必要な数量的な関係を正しく理解し、処理する基礎的な能力を養うこと。

七　生活にかかわる自然現象について、観察及び実験を通じて、科学的に理解し、処理する基礎的な能力を養うこと。

八　健康、安全で幸福な生活のために必要な習慣を養うとともに、運動を通じて体力を養い、心身の調和的発達を図ること。

九　生活を明るく豊かにする音楽、美術、文芸その他の芸術について基礎的な理解と技能を養うこと。

十　職業についての基礎的な知識と技能、勤労を重んずる態度及び個性に応じて将来の進路を選択する能力を養うこと。

第四章　小学校

第三〇条　小学校における教育は、前条に規定する目的を実現するために必要な程度において第二一条各号に掲げる目標を達成するよう行われるものとする。

○2　前項の場合においては、生涯にわたり学習する基盤が培われるよう、基礎的な知識及び技能を習得させるとともに、これらを活用して課題を解決するために必要な思考力、判断力、表現力その他の能力をはぐくみ、主体的に学習に取り組む態度を養うことに、特に意を用いなければならない。

第三一条　小学校においては、前条第一項の規定による目標の達成に資するよう、教育指導を行うに当たり、児童の体験的な学習活動、特にボランティア活動など社会奉仕体験活動、自然体験活動その他の体験活動の充実に努めるものとする。この場合において、社会教育関係団体その他の関係団体及び関係機関との連携に十分配慮しなければならない。

第五章　中学校

第四五条　中学校は、小学校における教育の基礎の上に、心身の発達に応じて、義務教育として行われる普通教育を施すことを目的とする。

第四六条　中学校における教育は、前条に規定する目的を実現するため、第二一条各号に掲げる目標を達成するよう行われるものとする。

第四七条　中学校の修業年限は、三年とする。

第四八条　中学校の教育課程に関する事項は、第四五条及び第四六条の規定並びに次条において読み替えて準用する第三〇条第二項の規定に従い、文部科学大臣が定める。

第四九条　第三〇条第二項、第三一条、第三四条、第三五条及び第三七条から第四四条までの規定は、中学校に準用する。この場合において、第三〇条第二項中「前項」とあるのは「第四六条」と、第三一条中「前条第一項」とあるのは「第四六条」と読み替えるものとする。

第八章　特別支援教育

第八一条　幼稚園、小学校、中学校、高等学校及び中等教育学校においては、次項各号のいずれかに該当する幼児、児童及び生徒その他教育上特別の支援を必要とする幼児、児童及び生徒に対し、文部科学大臣の定めるところにより、障害による学習上又は生活上の困難を克服するための教育を行うものとする。

○2　小学校、中学校、高等学校及び中等教育学校には、次の各号のいずれかに該当する児童及び生徒のために、特別支援学級を置くことができる。

一　知的障害者
二　肢体不自由者
三　身体虚弱者
四　弱視者
五　難聴者
六　その他障害のある者で、特別支援学級において教育を行うことが適当なもの

○3　前項に規定する学校においては、疾病により療養中の児童及び生徒に対して、特別支援学級を設け、又は教員を派遣して、教育を行うことができる。

著者略歴

渡部　治（わたべ・おさむ）

1949（昭和24）年　東京生まれ

東京教育大学大学院文学研究科倫理学専攻博士課程　単位取得　満期退学

文学修士（昭和52年）

淑徳大学国際コミュニケーション学部教授

倫理学・道徳教育論 担当

主要著書

『概説　東アジア思想史』（共著、杉山書店、1982年）

『文明論の哲学』（共著、八千代出版、1991年）

『近世和歌思想研究』（時潮社、1991年）

『西行』（清水書院、1998年）

『我らのうちなる朝鮮について』（時潮社、2001年）

『亀井勝一郎研究序説』（現代思想研究会、2012年）

道徳教育の原理と方法

二〇一二年　八　月三〇日第一版一刷発行

著　者―渡　部　　治

発行者―大　野　俊　郎

発行所―八千代出版株式会社

〒一〇一―〇〇六一　東京都千代田区三崎町二―二―一三

TEL　〇三-三二六二-〇四二〇

FAX　〇三-三二三七-〇七二三

振　替　〇〇一九〇-四-一六八〇六〇

印刷所―㈱シナノ印刷

製本所―渡邊製本㈱

＊定価はカバーに表示してあります。

＊落丁・乱丁本はお取替えいたします。

ISBN 978-4-8429-1582-1